Oldenbourg
Textnavigator für Schüler

Oldenbourg
Textnavigator für Schüler

Herausgegeben von
Dieter Wrobel

Bertolt Brecht

Leben des Galilei

Inhaltsangabe, Analyse des Textes und Abiturvorbereitung

Verfasst von Torsten Mergen

Oldenbourg

Die Seitenangaben in Klammern beziehen sich auf folgende Ausgabe: Bertolt Brecht, Leben des Galilei. Schauspiel. edition suhrkamp, Frankfurt am Main: Suhrkamp Verlag 1963

Redaktion: Barbara Holzwarth, München
Umschlagkonzept: Mendell & Oberer, München
Umschlaggestaltung und -bild: Erasmi + Stein, München
Layoutentwurf: Almut Jegodtka
Technische Umsetzung: cs-printconsulting GmbH, Berlin

www.oldenbourg-bsv.de

Dieses Werk berücksichtigt die Regeln der reformierten Rechtschreibung und Zeichensetzung. Ausnahmen bilden Originaltexte, bei denen lizenzrechtliche Gründe einer Änderungen entgegenstehen.

1. Auflage, 1. Druck 2013

Alle Drucke dieser Auflage sind inhaltlich unverändert und können im Unterricht nebeneinander verwendet werden.

Druck: freiburger graphische betriebe

ISBN 978-3-637- 01555-5

Inhalt gedruckt auf säurefreiem Papier aus nachhaltiger Forstwirtschaft.

Inhaltsverzeichnis

1 **Der Autor Bertolt Brecht** 7

2 **Entstehungsgeschichte des Dramas** 11

3 **Inhaltsangabe** 16

4 **Analyse des Dramas** 18

4.1 Der Aufbau des Stücks (Phasen-Modell) 18
4.2 Handlungsverlauf 20
4.2.1 Phase 1: Galileis Aufstieg (Bild 1–3) 20
4.2.2 Phase 2: Die Entfaltung des neuen Wissens und der Konflikt mit der Kirche (Bild 4–8) 24
4.2.3 Phase 3: Galilei zwischen öffentlicher Verehrung und Verrat an der Wissenschaft durch Widerruf (Bild 9–13) 30
4.2.4 Phase 4: Die Folgen des Widerrufs (Bild 14–15) 35
4.3 Zentrale Themen und Leitmotive 38
4.3.1 Themen des Dramas 38
4.3.2 Die Motive „Sehen“ und „Glotzen“ 40
4.3.3 Die Motive „Milch“ und „Buch“ 42
4.3.4 Randmotive 44
4.4 Figuren und Figurenkonstellation 44
4.4.1 Figurenkonstellation 44
4.4.2 Die gesellschaftlichen Klassen 46
4.4.3 Galileo Galilei 50
4.4.4 Die Mitarbeiter-Figuren: Sagredo, Andrea Sarti, Federzoni und der kleine Mönch 55
4.4.5 Die Frauenfiguren: Frau Sarti und Virginia 58
4.5 LEBEN DES GALILEI: episch-dialektisches Theater? 60
4.6 Sprache und Stil 66

4.7 Hintergründe ... 68
4.7.1 Politischer Hintergrund der Dramenhandlung 68
4.7.2 Stoff: Historischer Galileo Galilei als Vorlage 70
4.7.3 Geozentrisches und heliozentrisches Weltbild 71

5 Analyse zentraler Szenen ... 75

5.1 Bild 8: Der kleine Mönch und Galilei im Gespräch (74–79) ... 75
5.2 Bild 12: Gespräch zwischen Papst und Inquisitor (105–108) ... 79
5.3 Bild 14: Die gesellschaftliche Verantwortung des Wissenschaftlers (115–127) ... 83

6 Zur Rezeption des Dramas ... 87

7 Abituraufgaben mit Lösungsvorschlägen ... 91

7.1 Textimmanente Aufgabe: Literarische Erörterung ... 91
7.2 Sachtextanalyse mit textgebundener Erörterung ... 94
7.3 Analyse eines Paralleltextes ... 99
7.4 Produktionsorientierte Aufgabe ... 104

8 Tipps zum Weiterlesen ... 109

9 Anhang ... 111

1 Der Autor Bertolt Brecht

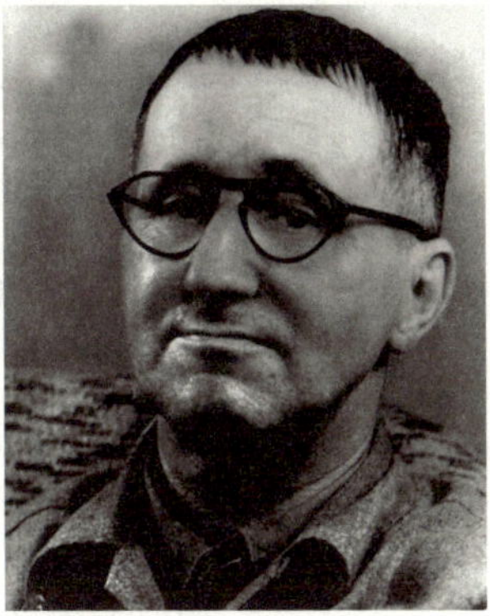

* 10.02.1898 in Augsburg
† 14.08.1956 in Berlin (Ost)

Bertolt Brecht gilt als einer der bedeutendsten Schriftsteller des 20. Jahrhunderts. Als Angehöriger der Generation der um 1900 Geborenen war er den zahlreichen Problemen und Katastrophen der ersten Hälfte dieses vergangenen Jahrhunderts unterworfen: zwei Weltkriege, der Untergang des deutschen Kaiserreichs und der Weimarer Republik, die Schrecken der nationalsozialistischen Gewaltherrschaft sowie die Entwicklung des Kalten Krieges im Allgemeinen und die Teilung Deutschlands im Besonderen. Diese politischen Rahmenbedingungen wirkten sich auf Brechts literarische Tätigkeit aus. In Teilen können seine Texte auch als künstlerische Antworten auf die besonderen Fragestellungen des 20. Jahrhunderts gelesen werden. Umso bemerkenswerter ist, dass vor allem seine Leistungen als Dramatiker und Lyriker bis in die Gegenwart hinein große Aufmerksamkeit und Wertschätzung finden.

Aufgewachsen ist der am 10. Februar 1898 geborene Eugen Berthold Friedrich Brecht in gutbürgerlichen Verhältnissen in Augsburg. Nach dem Abitur begann er ein Philosophie- und Medizinstudium in München, unterbrochen durch den Militärdienst als Sanitäter in einem Augsburger Lazarett. Jedoch knüpfte er bereits zu dieser Zeit an das literarische Interesse aus Schulzeiten an und widmete sich dem Studium der Literatur und der Tätigkeit als Dramaturg und Theaterkritiker. Nach dem Ersten Weltkrieg arbeitete Brecht intensiv mit dem bekannten Komiker und Schriftsteller Karl Valentin zusammen. 1922 konnte er einen ersten Theatererfolg mit TROMMELN IN DER NACHT

Der bayerische Autor und Humorist Karl Valentin (1882–1948) beeinflusste Brechts Verständnis von Komik und war ein Vorbild für Wortwitz und Sprachkunst.

verzeichnen und erhielt eine wichtige Auszeichnung für Nachwuchsautoren, den „Kleist-Preis". Im selben Jahr heiratete er die Sängerin Marianne Zoff, von der er sich bereits nach fünf Jahren scheiden ließ. Seit 1924 war er als freier Schriftsteller und Regisseur in Berlin tätig, zunächst am Deutschen Theater unter der Leitung von Max Reinhardt.

Im Jahr 1927 fand die Veröffentlichung von Brechts erster Lyriksammlung HAUSPOSTILLE große Beachtung. Als Bühnenautor erlangte Brecht durch die Uraufführung der DREIGROSCHENOPER 1928 Weltruhm. Persönlich bereichert wurde dieses Jahr durch die Hochzeit mit seiner langjährigen Geliebten Helene Weigel.

In diesen Jahren beschäftigte Brecht sich intensiv mit dem Marxismus und strebte nach einer kommunistischen Gesellschaftsordnung. Das Theater sollte dazu als Ort der Beeinflussung der Zuschauer dienen, indem es gesellschaftliche Strukturen und menschliche Normen und Werte als veränderbar und historisch bedingt darstellte. Dementsprechend schildern die frühen Dramen Brechts oftmals den Typus des aggressiven Kapitalisten, wohingegen sich die Lehrstücke der 1930er-Jahre der gesellschaftlichen Diagnose und der Frage nach der Rolle des Individuums in der Gemeinschaft zuwenden. Als Lehrstück gilt u. a. DER JASAGER/DER NEINSAGER (1930/1938).

Theater soll ein kritisches Bewusstsein schaffen und zum Handeln gegen die Herrschaft des Kapitalismus veranlassen.

Exiljahre: Brecht musste vor den Nationalsozialisten ins Ausland fliehen, die einzelnen Stationen des Exils spiegeln sich in seinem Werk wider.

1933 musste Brecht wegen der Machtübernahme der Nationalsozialisten ins Ausland emigrieren, zunächst nach Prag, dann nach Wien, in die Schweiz, nach Paris und schließlich nach Dänemark. 1935 wurde ihm die deutsche Staatsangehörigkeit entzogen. In diesen Jahren des Exils entstanden wichtige Stücke wie LEBEN DES GALILEI (1938/39), DER GUTE MENSCH VON SEZUAN (1939/40), MUTTER COURAGE UND IHRE KINDER (1939) und DER KAUKASISCHE KREIDEKREIS (1940).

Auf der Flucht vor der deutschen Wehrmacht, die nach

Ausbruch des Zweiten Weltkrieges allmählich große Teile Europas eroberte, musste Brecht Dänemark verlassen. Weitere Stationen seines Exils waren Schweden, Finnland, die Sowjetunion und schließlich die USA, wo er seit 1941 in Kalifornien, in der Nähe Hollywoods lebte. Für die dortigen Filmstudios wollte er Drehbücher schreiben, was aufgrund seiner Probleme mit der englischen Sprache nur bedingt gelang. Zugleich machte er die Bekanntschaft mit zahlreichen Exilschriftstellern, beispielsweise Heinrich Mann.

Nach dem Zweiten Weltkrieg verweigerten die Westalliierten Brecht aus politischen Gründen die Einreise nach Deutschland. Er galt als Kommunist und wurde 1947 durch das „Komitee zur Bekämpfung unamerikanischer Umtriebe" in Washington einer intensiven Befragung unterzogen.

Im Anschluss an einen zweijährigen Aufenthalt in Zürich lebte Brecht seit 1948 in Ostberlin. Dort gründete er das sogenannte Berliner Ensemble. In Kooperation mit seiner Frau Helene Weigel arbeitete er an zahlreichen Theaterproduktionen, die in vielen europäischen Theatern aufgeführt wurden. Politisch entfremdete er sich allmählich vom DDR-Regime, vor allem wegen der Ereignisse am 17. Juni 1953 – dem Volksaufstand in Berlin gegen die bestehende sozialistische Staatsordnung. Öffentlich protestierte er allerdings nicht eindeutig gegen das harte Vorgehen der Staatsgewalt gegenüber den Demonstranten. Dadurch blieb Brecht als wichtiger Autor des Sozialismus von den Machthabern in der DDR sehr geschätzt. Dies ist u. a. an der Verleihung des „Internationalen Stalin-Friedenspreises" im Jahre 1954 erkennbar.

In der Nachkriegszeit galt Brecht als wichtiger Autor des Sozialismus, in diese Zeit fällt die Gründung des Berliner Ensembles in Ostberlin (1948/49).

Mitte der 1950er-Jahre widmete Brecht seine Aufmerksamkeit vor allem der Theaterarbeit, besonders der Inszenierung von bekannten Stücken wie DER KAUKASISCHE KREIDEKREIS, DER GUTE MENSCH VON SEZUAN sowie LEBEN DES GALILEI.

Brecht wurde auf dem Dorotheenstädtischen Friedhof in Berlin beigesetzt.

Während der Proben zur Neuinszenierung seines Stückes LEBEN DES GALILEI erkrankte Bertolt Brecht schwer. Am 14. August 1956 starb er in Ostberlin an den Folgen eines Herzinfarktes.

Die jeweilige Lebenssituation Brechts beeinflusste auch die Entstehung und Deutung von LEBEN DES GALILEI:

- Die Exilerfahrungen in Dänemark und den USA prägten Brechts Sicht der Hauptfigur Galileo Galilei.
- Ebenso sind die Erfahrungen Brechts mit dem US-Untersuchungsausschuss und als Leiter des (Ost-)Berliner Ensembles im Zeitalter des Kalten Krieges zu beachten.

2 Entstehungsgeschichte des Dramas

Fast zwanzig Jahre lang hat sich Brecht mit LEBEN DES GALILEI befasst. Das Theaterstück ist in drei Bühnenfassungen überliefert, die alle im 17. Jahrhundert angesiedelt sind. In den verschiedenen Textfassungen spiegeln sich zugleich die jeweiligen historischen und biografischen Kontexte ihrer Entstehung wider. Aus diesem Grund formuliert der Brecht-Forscher Jan Knopf zugespitzt: „Das Drama LEBEN DES GALILEI von Bertolt Brecht gibt es nicht." (Knopf 1996, 7) Einerseits bezieht sich diese Feststellung auf die deutlichen inhaltlichen Unterschiede der drei Fassungen. Andererseits verweist sie vor allem aber auf die gewandelten politischen und weltanschaulichen Haltungen Brechts zum Stoff und zur namengebenden Hauptfigur.

Drei Fassungen von LEBEN DES GALILEI zwischen 1938 und 1956

Ein „Jubiläum" bot Brecht den Anlass, sich genauer mit dem Schicksal von Galileo Galilei zu beschäftigten: Im Gedenkjahr an 300 Jahre Verurteilung Galileis durch die Inquisition – 1933 – plante Brecht ein Theaterstück, das als Urfassung einige Jahre später den Titel DIE ERDE BEWEGT SICH trug. Daraus entwickelte er im dänischen Exil die erste Fassung von LEBEN DES GALILEI, welche in den Jahren 1938/39 geschrieben wurde.

Anlass: der historische Galilei (1564–1642) und der Konflikt mit der katholischen Kirche

Erste Fassung 1938/39: die „dänische" Fassung mit einer positiv gezeichneten Hauptfigur

Diese Erstfassung zeigt die Hauptfigur Galilei als Kämpfer für den (wissenschaftlichen) Fortschritt. Durch die Freiheit der Forschung und die Offenheit der menschlichen Erkenntnis soll ein neues Zeitalter eingeleitet werden. In einem Interview im Januar 1939 bekannte Brecht: „Ich habe den heldenmütigen Kampf Galileis für seine moderne wissenschaftliche Überzeugung, daß die Erde sich bewege, schildern wollen." (Szczesny 1966, 48) Dazu hatte er sich intensiv mit dem ptolemäischen Weltbild und dessen mathematisch-physikalischen Grundlagen beschäftigt, um die revolutionäre Dimension von Galileis Thesen zu verstehen.

Ptolemäisches Weltbild: Die Erde steht im Zentrum des Universums. Sonne, Mond und Planeten umkreisen sie in konzentrischen Sphären.

Thema: Das Individuum im Konflikt mit den Mächtigen

Die zweite Fassung entsteht in den USA und zeichnet ein negatives Bild von Galilei.

infernalisch: teuflisch

Zugleich ging es Brecht um die Erfassung des individuellen Mutes, der Menschen zum Widerstand gegen die Mächtigen – in diesem Falle die Kirche bzw. die Inquisition – antreibt. Insofern verweist die Erstfassung des Dramas auch auf den politischen Entstehungszeitraum: Brecht leistete aus dem dänischen Exil heraus publizistischen Widerstand gegen den Nationalsozialismus. LEBEN DES GALILEI stellt folglich auch eine Bearbeitung der Leitfrage dar, was der Einzelne gegen einen überwältigenden Machtapparat erreichen kann. Am 23. November 1938 notierte Brecht in sein Tagebuch über die Fertigstellung der Erstfassung: „LEBEN DES GALILEI abgeschlossen. Brauchte dazu drei Wochen." (Szczesny 1986, 49) Im September 1943 wurde die dänische Fassung in Zürich uraufgeführt.

Nachdem Brecht 1941 in die USA übergesiedelt war, lebte er in Santa Monica nahe Hollywood. Dort arbeitete er seit 1944 mit dem Schauspieler Charles Laughton zusammen, um eine neue, englischsprachige Fassung des Dramas zu erstellen. Gemeinsam übersetzten und bearbeiteten sie die Erstfassung und es entstand eine zweite Fassung, die aus dem heldenhaft kämpfenden Galilei einen genuss- und selbstsüchtigen Feigling machte. Der Galilei der Zweitfassung beugt sich den (kirchlichen) Widersachern opportunistisch. In der Vorrede zu dieser amerikanischen Fassung liest man über die Hintergründe der inhaltlichen Veränderungen:

> *„Das ‚atomarische Zeitalter' machte sein Debüt in Hiroshima in der Mitte unserer Arbeit. Von heute auf morgen las sich die Biographie des Begründers der neuen Physik anders. Der infernalische Effekt der Großen Bombe stellte den Konflikt des Galilei mit der Obrigkeit seiner Zeit in ein neues, schärferes Licht."*[1]

Mit dem Abwurf der Atombomben auf Hiroshima und Nagasaki (August 1945) veränderten sich die Rolle der wissenschaftlichen Forschung und damit die Verantwortung des Wissenschaftlers für die Gesellschaft drastisch. Der Galilei der Zweitfassung steht im Zusammenhang mit den Möglichkeiten der atomaren Massenvernichtung. Er wird von Brecht und Laughton als „sozialer Verräter" gestaltet, der seine wissenschaftlichen Erkenntnisse an die Mächtigen seiner Zeit ausliefert. Besonders die vorletzte Szene – das Gespräch mit Andrea – wurde in diesem Zusammenhang deutlich umgearbeitet und verschärft. Leitmotivisch ging es nun um die Frage, aus welchen Gründen der technisch-wissenschaftliche Fortschritt den Idealen von Menschlichkeit und Frieden so stark entgegengesetzt sein konnte.

Im August 1945 erschütterten zwei Atombombenabwürfe die Welt. Hier dargestellt ist die atomare Wolke nach dem Abwurf der Bombe auf Hiroshima.

Die Erstaufführung dieser zweiten Fassung fand im Juli 1947 im Coronet Theatre in Beverly Hills (Los Angeles) statt – mit bescheidenem Erfolg. Kaum größere Resonanz erzielte eine weitere Aufführung von LEBEN DES GALILEI in New York wenige Monate später.

Nachdem Brecht bereits 1948 die Vereinigten Staaten fluchtartig verlassen hatte, um weitergehende Befragungen über seine Haltung zum Kommunismus zu vermeiden, erarbeitete er Mitte der 1950er-Jahre eine dritte Textfassung des Dramas, die als Berliner Fassung bis heute die maßgebliche darstellt. 1955/56 wurde sie unter Mitarbeit von Elisabeth Hauptmann fertiggestellt. Brecht stand einerseits unter dem Eindruck des Kalten Krieges und des atomaren Schreckens, der Europa und die Welt in Atem hielt. Andererseits hatte er die Kommunistenjagd in den Vereinigten Staaten noch in Erinnerung. Nicht nur durch die Hinzufügung der fünften Szene („Pestszene") und des Schlussbildes wurde der Text der zweiten Fassung verändert. Insgesamt hatte Brecht die Tendenz, die Aussagekraft

Die dritte Fassung entsteht in Ostberlin (1955/56).

Elisabeth Hauptmann (1897–1973) gilt als wichtige Mitarbeiterin Brechts seit den 1920er-Jahren.

Verschärfung der Aussagekraft am Beispiel von Galileis Verhalten

seines Dramas durch Akzentverschiebungen in der Konzeption der Hauptfigur des Galilei zu verschärfen: Galilei wird als egoistischer Volksschädling stilisiert. „Als sozialer Verbrecher, als völliger Lump" (Hecht 1988, 118) vergibt er wegen der eigenen Feigheit die große Chance, die gesellschaftlichen Verhältnisse im Interesse der Benachteiligten und Unterdrückten zu ändern.

Zusammenfassend gilt es mit den Worten Brechts über das Verhältnis der drei Bühnenfassungen festzuhalten:

Kritik Brechts am Verhalten Galileis: kein Kampf für die Verbreitung der Wahrheit

> *„In der ersten Fassung des Stücks war die letzte Szene anders. Galilei hatte in großer Heimlichkeit die ‚Discorsi' geschrieben.* [...] *Sein Widerruf hatte ihm die Möglichkeit verschafft, ein entscheidendes Werk zu schaffen. Er war weise gewesen.*
> *In der kalifornischen Fassung* [...] *bricht Galilei die Lobeshymnen seines Schülers ab und beweist ihm, daß der Widerruf ein Verbrechen war und durch das Werk, so wichtig es sein mochte, nicht aufgewogen. Wenn es jemanden interessieren sollte, dies ist auch das Urteil des Stückschreibers."*[2]

Uraufführung 1957 durch das Berliner Ensemble im Theater am Schiffbauerdamm

Thematische Aktualität des Stücks bis ins 21. Jahrhundert

Brecht erlebte die Uraufführung nicht mehr. Der Erfolg des Stückes indes belegte seine Relevanz: Nach der Premiere im Januar 1957 folgten zahlreiche Inszenierungen in West- und Ostdeutschland sowie auf Theaterbühnen in ganz Europa. Sowohl die Figurencharakterisierung als auch die politische Zeitkritik im historischen Gewand machten das Stück zu einem der größten Erfolge in der Theaterproduktion Brechts. Es wird heute noch regelmäßig gespielt, da in Zeiten von Stammzellenforschung, Gentechnik und Atomkraft-Diskussion die Frage nach der Verantwortung der Wissenschaft für die Gesellschaft brisant bleibt. Neben zahlreichen Bühneninszenierungen wurde LEBEN DES

GALILEI auch als Hörspiel veröffentlicht und in den 1970er-Jahren sogar verfilmt.

Auf der dritten Fassung beruht die Ausgabe des Dramas in der edition suhrkamp, die Grundlage dieses Textnavigators ist.

Die Textgestalt des Dramas wurde verändert:

- Die Charakterisierung Galileis als Wissenschaftler hängt von den jeweiligen historisch-politischen Kontexten ab.
- Die dritte Fassung entstand in der Zeit des Kalten Krieges mit der alles bestimmenden globalen atomaren Bedrohung.

Uraufführung (15.01.1957)

Inszenierung des Theaters Osnabrück (22.02.2012)

3 Inhaltsangabe

Vielfalt der Orte und langer Zeitraum der Handlung

Adelsfamilie der Medici: einflussreiches Herrschergeschlecht in Italien im 14. bis 17. Jahrhundert

Das „Schauspiel" ist in 15 Szenen bzw. Bilder unterteilt, denen Brecht meist ein – bisweilen gereimtes – Motto voranstellt. Es behandelt wesentliche Episoden aus dem Leben des Mathematikers und Naturwissenschaftlers Galileo Galilei. Der Schauplatz der Handlung ist das Italien des 17. Jahrhunderts. Als Orte kommen vor allem das von der Republik Venedig beherrschte Padua, Florenz unter der Regierung der Medici und Rom als „Hauptstadt" des sogenannten Kirchenstaates und der katholischen Kirche vor. Episodenhaft wird ein Zeitraum von fast 30 Jahren betrachtet: Es werden Stationen aus der Zeit Galileis als Hochschullehrer in Padua (ab 1609) bis zur Vollendung der DISCORSI (um 1637) im Hausarrest „in der Nähe von Florenz" (115) als Gefangener der Inquisition szenisch dargeboten.

In den ersten drei Bildern, die in den Jahren 1609/1610 spielen, entdeckt Galilei mithilfe des Fernrohrs die Jupitermonde, die als Trabanten um den Planeten kreisen. Damit kann er die These des Kopernikus, dass die Erde ein Trabant der Sonne sei, beweisen und das heliozentrische Weltbild empirisch bestätigen.

Empirie: wissenschaftliche Erkenntnisform, die auf gezielter und systematischer Beobachtung beruht

Geozentrisches Weltbild: Annahme, dass die Erde der Mittelpunkt des Universums ist

Die Bilder 4 bis 8 thematisieren den Kampf um das neue Weltbild bis zum Jahre 1616. Zur Verbesserung seiner Arbeitsmöglichkeiten wechselt Galilei nach Florenz an den Hof des Großherzogs. Nicht nur dort jedoch wird sein neues Modell abgelehnt. Die katholische Kirche beharrt auf ihrer Lehre des geozentrischen Weltbildes, obwohl der oberste Astronom Clavius in Rom Galileis Beobachtungen bestätigt. Galileis Erkenntnisse gelten als Irrlehre und der Wissenschaftler wird durch das „Heilige Offizium" verwarnt.

In den Bildern 9 bis 13 werden zentrale Ereignisse der

Jahre 1624 bis 1633 dargestellt. Nachdem Galilei im Stillen weitergeforscht hat, schöpft er neuen Mut, da sein Gönner, Kardinal Barberini, Papst wird. Die Veröffentlichung seiner Ergebnisse scheint zum Erfolg zu werden, jedoch liefert der Hof von Florenz Galilei an die Inquisition nach Rom aus. Dort gestattet der Papst dem Inquisitor, Galilei durch das Zeigen der Folterinstrumente einzuschüchtern. Zum Entsetzen seiner Mitarbeiter widerruft der Astronom seine Lehren und verrät damit die wissenschaftliche Erkenntnis und mühsam gewonnene Wahrheit.

Heiliges Offizium: Zentralbehörde der katholischen Kirche zum Schutz vor Irrlehren, bekannt als „Inquisition"

Jahre später spielt die Handlung der Bilder 14 und 15. In Arcetri bei Florenz lebt der gealterte und fast erblindete Galilei als Gefangener der Inquisition, überwacht von seiner Tochter Virginia und einem Mönch. Im Rahmen des Besuchs Andrea Sartis, seines einstigen Schülers, reflektiert Galilei über die eigene Schwäche, die Angst vor körperlichen Schmerzen und sein Versagen gegenüber der Macht von Staat und Kirche. Er beschuldigt sich selbst, durch seinen Widerruf die Freiheit der Wissenschaft und Forschung nachhaltig beschädigt zu haben. Zur Überraschung von Andrea hat Galilei jedoch heimlich eine Abschrift seiner DISCORSI erstellt. Diese überreicht er dem Schüler, sodass die Grundlage der modernen Physik und Astronomie immerhin ins Ausland gelangen kann. Nachdem Andrea auf seiner Reise nach Holland die Grenze Italiens trotz einer Kontrolle erfolgreich passiert hat, steht der Veröffentlichung des neuen Wissens nichts mehr im Wege.

Brecht hat sich intensiv mit dem realen geschichtlichen Ablauf des Galilei-Prozesses beschäftigt.

➤ Vgl. Kap. 4.7.2

4 Analyse des Dramas

4.1 Der Aufbau des Stücks (Phasen-Modell)

Bild	Orte	Zeit	Handlung	Zentrale Themen
1–3	Padua, Venedig	1609 bis 1610	*Galileis Aufstieg* – als Wissenschaftler in Padua – als Vertreter des kopernikanischen Weltbildes – als „Erfinder" des Fernrohrs – als Entdecker der Mondflecken und der Jupitermonde	– Lob der „neuen" Zeit: „die alte Zeit ist herum [...]." (9) – „neues" Weltbild: „die sanfte Gewalt der Vernunft" (34) – „neues" Gottesbild: „Himmel abgeschafft." (28)
Phase 1: Welches Weltbild ist das richtige?				
4–8	Florenz, Rom	bis 1616	*Entfaltung des neuen Wissens* – trotz Widerstands der „alten" Mächte – trotz Pest – wegen Anerkennung durch Astronom Pater Clavius – bis zur Mahnung durch die Inquisition – im Interesse des Volkes	– Lob des Zweifels: „Die Wahrheit ist das Kind der Zeit [...]." (49) – Lob der Vernunft: „[...] der Sieg der Vernunft kann nur der Sieg der Vernünftigen sein." (78) – Lob der Erkenntnis: „was ich weiß, muß ich weitersagen." (79)
Phase 2: Glotzen oder Sehen?				

Bild	Orte	Zeit	Handlung	Zentrale Themen
9–13	Florenz, Rom	1624 bis 1633	*Verschärfung des Konflikts bis zum Widerruf* – Wiederaufnahme der Forschungen und Untersuchung der Sonnenflecken – Verbreitung der Lehre im Volk – Auslieferung an die Inquisition – Zeigen der Folterinstrumente	– Lob der wissenschaftlichen Methodik: „[...] wir werden alles, alles noch einmal in Frage stellen." (93) – öffentlicher Widerruf: „Ich schwöre ab, verwünsche und verfluche" (113)
Phase 3: Wer muss wem gehorchen?				
14–15	bei Florenz	1633 bis 1637	*Folgen des Widerrufs* – Gefangenschaft Galileis unter Bewachung der Kirche – Resignation Galileis beim Besuch von Andrea Sarti – heimliche Verbreitung von Galileis Forschungsergebnissen (DISCORSI) durch Andrea	– Soziale Verantwortung der Wissenschaft: „die Mühseligkeit der menschlichen Existenz zu erleichtern" (125) – Selbstanklage Galileis: „[...] ich überlieferte mein Wissen den Machthabern [...]." (126)
Phase 4: Wofür arbeiten Wissenschaftler?				

4.2 Handlungsverlauf

4.2.1 Phase 1: Galileis Aufstieg (Bild 1–3)

Bild 1 (Padua 1609: Studierzimmer): Der 46-jährige Gelehrte Galileo Galilei befindet sich morgens in seinem bescheiden ausgestatteten Arbeitszimmer in Padua. Vier Figuren sprechen in fünf unterschiedlich langen Dialogen mit ihm: Andrea Sarti, dessen Mutter Frau Sarti, Ludovico Marsili und Herr Priuli.

Astrolab: Modell des Weltalls

Im Gespräch mit dem elfjährigen Knaben Andrea, dem Sohn seiner Haushälterin Frau Sarti, erklärt Galilei am Beispiel eines Astrolabiums das ptolemäische System. Für Galilei symbolisiert das Astrolab einen überholten Stand der Wissenschaft und zugleich die geistige Unbeweglichkeit der „alten" Gesellschaft.

Ein **Astrolabium** (griech. „Stern-Nehmer") ist ein scheibenförmiges astronomisches Instrument zur Nachbildung des Himmels und der Konstellation der Himmelskörper zueinander. Es wurde auch zur Navigation verwendet.

Erwartung eines neuen Zeitalters

Diese Kritik führt Galilei zu einem Monolog (8–10) über die aktuelle Gesellschaft und ihr Denken:

- Erstens verweist er auf das allmählich verblassende Weltbild der alten Zeit, in dessen Zentrum die Erde und der Glaube gestanden haben.
- Andererseits erläutert er den gesellschaftlichen Wandlungsprozess, der seit den Entdeckungsreisen einge-

setzt hätte: „Da ist schon viel gefunden, aber da ist mehr, was noch gefunden werden kann." (9)

- Neue Leitwissenschaft ist für Galilei die Astronomie, welche nach seiner Überzeugung mit dem kopernikanischen Modell eine neue Weltdeutung liefern könne: „Und die Erde rollt fröhlich um die Sonne, und die Fischweiber, Kaufleute, Fürsten und die Kardinäle und sogar der Papst rollen mit ihr." (10)
- Schließlich bedeutet dies aber, dass die bisherige Leitwissenschaft, die Theologie, ihren Platz eingebüßt hat: „Denn wo der Glaube tausend Jahre gesessen hat, eben da sitzt jetzt der Zweifel." (9)

Die Astronomie (griech. „Beobachtung der Sterne") untersucht mit naturwissenschaftlichen Methoden die Himmelskörper und ihre Gesetzmäßigkeiten.

Frau Sarti kündigt einen neuen Besucher an: Der Adlige Ludovico Marsili, ein reicher junger Mann, kommt mit einem Empfehlungsschreiben, um Unterricht in Astronomie zu erhalten. Die Haushälterin fordert Galilei auf, ihn aus finanziellen Gründen als Privatschüler anzunehmen, da sich Schulden angesammelt hätten und er dringend neue Einkunftsquellen benötige.

Brecht zeigt die materialistische Grundlage der wissenschaftlichen Arbeit Galileis am Beispiel seiner Geldsorgen.

Im Gespräch zeigt Ludovico Marsili, der gerade in Holland gewesen ist, ein Fernrohr. Es handelt sich um eine neue Erfindung, die sofort Galileis Interesse weckt. Er lässt sich die Funktions- und Bauweise beschreiben und fertigt eine eigene Skizze an, die er als Modell herstellen lässt.

Die Erfindung des Fernrohrs ist einerseits Grundlage für weitere Entdeckungen, andererseits der Weg aus den Geldsorgen.

Als nächster Besucher erscheint der Kurator der Universität Padua, Herr Priuli. Er überbringt die Nachricht, dass Galileis Antrag auf Gehaltserhöhung um 500 Skudi abgelehnt wurde. Stattdessen verweist er auf die Vorteile einer Lehrtätigkeit in der Republik Venedig. Besonders für Astronomen, deren Lehre den Vorstellungen der Kirche zuwiderlaufe, sei es wichtig, dass die Inquisition keinen Einfluss auf die Universität Padua habe. Trotz Galileis Hinweis auf den als Ketzer hingerichteten Giordano Bruno, der in der Re-

Kurator: hoher Verwaltungsbeamter

Skudi: italienische Goldmünze

Giordano Bruno (1548–1600) verkündete als Priester und Astronom die Unendlichkeit und Ewigkeit des Universums. 1600 wurde er in Rom auf dem Scheiterhaufen hingerichtet.

publik Venedig die Lehre des Kopernikus verbreitet hatte, beharrt Priuli auf der Freiheit der Wissenschaft. Jedoch sei es Galileis Problem, ein Fach zu vertreten, das nur einen geringen praktischen Nutzen habe. Der Hinweis Galileis auf „seine" neue Erfindung, das Fernrohr, lässt den Kurator aufhorchen: „[...] wir wissen, Sie sind ein großer Mann." (20) Denn Galilei hat bereits mehrfach den wirtschaftlichen Nutzen der naturwissenschaftlichen Forschungen unter Beweis gestellt.

Nach dem Weggang Priulis verbietet Galilei dem zurückgekehrten Andrea, mit anderen über seine Forschungen zu sprechen, da bislang noch sichere Beweise für das kopernikanische System fehlen.

Bild 2 (Venedig 1609: Das große Arsenal): Im Hafen von Venedig hat sich die politische Spitze der Republik versammelt, um Galileis vermeintliche Erfindung zu testen und zu würdigen. Öffentlich belobigt Kurator Priuli den Wissenschaftler für seine Leistung, das Fernrohr als „Frucht siebzehnjähriger geduldiger Forschung" (23) vorzulegen. Unterstützt von Linsenschleifer Federzoni hat Galilei ein optimiertes Modell hergestellt, das die anwesenden Politiker begeistert. Als Dank erhält der Erfinder ein verdoppeltes Gehalt. Im Gespräch mit dem anwesenden Freund Sagredo deutet Galilei an, durch das Fernrohr „eine gewisse Lehre nachweisen" (25) zu wollen, womit der Bezug zu Kopernikus und Bruno gegeben ist. Der gleichfalls anwesende Ludovico Marsili durchschaut Galileis Täuschung mit dem Fernrohr und bemerkt ironisch, dass er anfange, „etwas von Wissenschaft zu verstehen" (26).

Giovanfrancesco Sagredo (1571–1620) war ein venezianischer Bürger und Diplomat, der historisch als Schüler und Freund Galileis belegt ist.

Bild 3 (Padua 10.01.1610: Studierzimmer): Zum ersten Mal in der Wissenschaftsgeschichte gelingt es Galilei durch Beobachtung, Deutung und Schlussfolgerung nachzuweisen, dass es sich bei Erde und Mond um gewöhnliche Himmelskörper handelt. Gemeinsam mit seinem Freund Sagredo kann er durch das Fernrohr erkennen, dass Erde und Mond von der Sonne angestrahlt werden und folglich kein Unterschied zwischen beiden besteht. Sagredo warnt den Astronom sofort vor den Folgen dieser Entdeckung und erinnert mehrfach an den Fall Giordano Brunos („der Verbrannte", 33), der wegen solcher Behauptungen hingerichtet worden war.

Inzwischen hat der Kurator Priuli erkannt, dass er getäuscht wurde. An jeder Straßenecke der Stadt werden die holländischen Fernrohre für einen geringen Preis verkauft. Priulis Fazit über den Geschäftssinn Galileis lautet: „mich ekelt diese Welt an!" (30)

Der Konflikt mit der Kirche nimmt seinen Anfang durch die Entdeckung der Jupitermonde, die das bestehende Weltbild infrage stellt.

Eine zweite Entdeckung Galileis erschüttert jedoch das geozentrische Weltbild umso mehr: Vier Monde umkreisen nach seiner Beobachtung den Jupiter auf einer festen Bahn. Damit ist bewiesen, dass „nicht das ganze riesige Weltall mit allen Gestirnen sich um unsere winzige Erde dreht" (33). Trotz Sagredos skeptischer Warnungen verweist Galilei auf die Stärke der Vernunft: „Ich glaube an den Menschen, und das heißt, ich glaube an seine Vernunft!" (34)

Florenz steht unter dem Einfluss der katholischen Kirche.

Aus dieser Grundhaltung heraus hat sich der Forscher für eine Stelle als Hofmathematiker in Florenz beworben. Obwohl der Hof der Medici eng mit der katholischen Kirche verbunden ist und die Inquisition unterstützt, treibt Galilei das Bedürfnis nach Zeit und Geld, um seine Entdeckungen systematisch belegen zu können. In einem unterwürfigen Tonfall hat er einen Brief an den neunjährigen Großherzog von Florenz verfasst und neu entdeckte Sterne mit den „Namen des Mediceischen Geschlechts" (39) versehen. Die Warnungen Sagredos, nicht nach Florenz zu gehen, ignoriert er.

Exposition: Einführung und Erklärung des dramatischen Konfliktes

Die Bilder 1 bis 3 führen in die Handlung ein und haben somit expositorische Funktion:

- Die Bilder stellen die Persönlichkeit Galileis als Forscher und Genießer mit großen Geldproblemen dar.
- Bild 1 beschreibt den Anbruch einer neuen Zeit von Wissenschaft und Forschung mit vielen Widerständen.
- Bild 2 dokumentiert Galileis materiellen Geschäftssinn. Ferner hat er mit dem Fernrohr ein Instrument gefunden, um die kopernikanische Lehre zu beweisen.
- Im Gespräch mit Sagredo (Bild 3) werden die Konsequenzen des neuen Wissens deutlich: Ein neues Weltbild revolutioniert das Verhältnis von Himmel und Erde und gefährdet zugleich seinen Entdecker.
- Bild 3 zeigt aber auch, dass Galilei an die Macht der Vernunft und die Vernünftigkeit der Menschen glaubt.

4.2.2 Phase 2: Die Entfaltung des neuen Wissens und der Konflikt mit der Kirche (Bild 4–8)

Bild 4 (Florenz, Haus des Galilei): Galilei hat den Wechsel nach Florenz gewagt und stößt mit seinen Erkenntnissen in der Stadt auf großes Interesse. Zahlreiche Besucher wollen mit ihm sprechen und das Fernrohr als Instrument kennenlernen. Auch der minderjährige Großherzog Cosmo de Medici hat sich angemeldet und erscheint mit seinem Hofstaat in Galileis Haus, während der Astronom noch an der Universität ist. Andrea Sarti zeigt dem Herrscher von Florenz die verschiedenen Weltmodelle, wobei es zu einer Rauferei zwischen den beiden Jungen kommt. Das Modell des „ptolemäischen Systems" geht dabei in die Brüche.

Symbolik der zerbrechenden „alten" Weltordnung während des Raufens der Jungen

Unterdessen sind wichtige Professoren mit Galilei in dessen Haus eingetroffen. Man diskutiert über aktuelle Krankheitsfälle in Florenz, bei denen es sich nach Meinung der Wissenschaftler nicht um die Pest handeln könne.

Im Beisein des Linsenschleifers Federzoni, der der wichtigste Mitarbeiter Galileis ist, vermeiden die Gelehrten (ein Mathematiker, ein Philosoph, ein Theologe) einen Blick durch das Fernrohr. Trotz mehrfacher Aufforderung durch Galilei halten sie an den tradierten Regeln der „alten" Wissenschaft fest und „disputieren" über die Möglichkeit einer Existenz von Planeten, die im ptolemäischen System nicht vorgesehen sind. Sowohl die Heilige Schrift als auch Aristoteles haben für Jahrhunderte etwas anderes gelehrt. Aber Galilei argumentiert grundsätzlich: „Die Wahrheit ist das Kind der Zeit, nicht der Autorität." (49)

Das Verhalten der Gelehrten deutet den Gegensatz im Wissenschaftsverständnis an.

Den Schlusspunkt der Szene bildet der Hinweis, dass man Galileis Thesen von Pater Christopher Clavius, dem „größten lebenden Astronomen […], Hauptastronom am Päpstlichen Collegium in Rom" (50) überprüfen lassen werde.

Der Jesuitenpater Christophorus Clavius (um 1537–1612) war ein Förderer des historischen Galilei. Er hatte maßgeblichen Anteil an der Kalenderreform und der Entwicklung unseres heutigen Kalenders.

Bild 5 (Florenz): In Florenz ist die Pest ausgebrochen, die immer weitere Teile der Stadt erfasst. Dies stellt zugleich die Fähigkeit der Herrschenden, die Bevölkerung zu schützen, infrage, da man versucht, „mit Geräuschen die Wolken zu vertreiben, in denen die Pestkeime sind." (55)

Trotz des gesundheitlichen Risikos setzt Galilei seine Forschungen fort und beobachtet neue Planetenkonstellationen, die seine Thesen stützen. Seine Tochter Virginia und Andrea Sarti schickt er fort. Frau Sarti erklärt sich freiwillig bereit, bei Galilei zu bleiben, um ihn zu versorgen. Denn der Wissenschaftler kann seine Arbeit nicht im Stich lassen, er hat „mächtige Feinde und muß Beweise für gewisse Behauptungen sammeln" (53).

Frau Sarti erkrankt schwer bei dem Versuch, in der pestverseuchten Stadt für Galilei Nahrungsmittel zu besorgen. Auch Andrea kehrt unerwartet zurück, um Galilei bei seinen Studien zu unterstützen.

Bild 6 (Rom 1616, Collegium Romanum): Mitten in der Nacht warten hohe Geistliche, Mönche und Gelehrte sowie Galilei auf die Prüfergebnisse der obersten päpstlichen Astronomen. Die Stimmung im Saal des Collegium Romanum, des vatikanischen Forschungsinstituts in Rom, ist angespannt. Galilei muss sich zahlreiche Vorwürfe und Spötteleien anhören:

Vorwürfe der konservativen Kirchenvertreter gegen Galilei

- Die Vorstellungen des heliozentrischen Weltbildes widersprechen den Aussagen der Heiligen Schrift.
- Galilei sei ein „Feind des Menschengeschlechts", da ein liebender Gott den Menschen nicht auf ein „kleines, abseitiges und immerfort weglaufendes Gestirnlein" (61) gesetzt haben könne.
- Das neue Weltbild erniedrige die Erde, die bislang der „Mittelpunkt des Alls" (62) gewesen sei.

Auch Anspielungen auf den Darwinismus (19. Jh.) klingen an: „[...] der Mensch selber ist ein Tier [...]." (61)

Im Beisein Galileis droht ein „sehr alter Kardinal" (62) sogar mit dem Scheiterhaufen, da die Kirche auch schon andere Ketzer verbrannt habe. Umso gravierender wirkt das Ergebnis der Untersuchungskommission: Der päpstliche Astronom Clavius bestätigt die Entdeckungen von Galilei, sodass dieser an einen Sieg der Vernunft glaubt.

Gemeint ist Giordano Bruno, hingerichtet 1600.

Bild 7 (Rom 1616, Haus des Kardinals): Bereits durch die Szenen-Titel wird deutlich, dass die Bilder 6 und 7 eng miteinander verknüpft sind. Während die zum Teil lächerlichen Gespräche der Geistlichen das Bild 6 prägten, finden nun im Ambiente eines Maskenballs zwei ernsthafte Gespräche mit großem Einfluss auf die weitere Entwicklung statt.

Gemeinsam mit seiner Tochter Virginia und ihrem Verlobten Ludovico trifft Galilei, begleitet von freundlichem Applaus, im Haus des Kardinals Bellarmin in Rom ein. Als berühmter Mann ist er zu einem Fastnachtsball mit den großen Familien Italiens eingeladen, der erstmals nach den Pestjahren stattfindet. Mit seinem Gastgeber und mit Kardinal Barberini führt er „eine wissenschaftliche Unterhaltung unter Freunden" (68) über das Verhältnis von Forschung und Glaube. Dabei werden auch zahlreiche Bibelzitate zur Stützung der konträren Standpunkte eingesetzt. Am Ende des Gesprächs verkündet Kardinal Bellarmin, dass die Lehre des Kopernikus Ketzerei sei. Daran schließt sich die offizielle Ermahnung Galileis an. In Zukunft solle er die Forschung nur noch „in Form der mathematischen Hypothese" (70) betreiben. Auch der Leiter der Inquisition zeigt großes Interesse an Galilei und seiner Familie. Im Gespräch mit Virginia stellt er über Galilei fest: „[...] Größe ist nicht immer leicht zu tragen für diejenigen, denen Gott sie verliehen hat [...]." (73)

Kardinal Barberini ist der spätere Papst Urban VIII., vgl. Bild 9.

Die Bibelzitate der Kardinäle sind von Brecht frei erfunden.

Ketzerei: Irrglaube, Irrlehre

Hypothese: unbewiesene Annahme

Wolfgang Heinz als Galilei am 05.10.1971 im Berliner Ensemble anlässlich der 15. Berliner Festtage. Die beiden Kardinäle tragen Masken von Taube und Lamm als Symbol für die vermeintliche Friedfertigkeit.

Das Bild 7 zeigt in besonderer Weise, wie nahe und dialektisch verschränkt Erfolg und Niederlage sind. Während Galilei zu Beginn als (vermeintlicher) Held gefeiert wird, ist er am Ende der Verfechter einer verbotenen Lehre.

Struktur des Bildes 7:

Handlungsverlauf	Textfunktion
Optimismus von Galilei im Gespräch mit den Schach spielenden Sekretären (65 f.)	Betonung des neuen Denkens: „Wie könnt ihr noch immer das alte Schach spielen?" (65)
Rede- und Zitatenduell Galileis mit den Kardinälen Bellarmin und Barberini (66 f.)	sichere Bibelkenntnisse des Astronomen als Beleg seiner persönlichen Glaubenstiefe und Ebenbürtigkeit mit den Geistlichen
ernste Unterhaltung mit den beiden Kardinälen über Glaube und Vernunft (67–69)	Entlarvung der Willkür kirchlicher Bibelauslegung: „[...] wie die Bibel aufzufassen ist, darüber haben [...] die Theologen [...] zu befinden [...]." (69)
Kardinal Bellarmin verkündet Galilei den Beschluss des Heiligen Offiziums (69 f.).	Entlarvung der kirchlichen Machtpraxis: Willkürentscheidung ohne sachliche Basis („ohne diese Einzelheiten zur Kenntnis zu nehmen", 70)
Erscheinen des Großinquisitors (70–73)	Verkörperung der kirchlichen Autorität und Macht (71)

Bild 8 (Rom 1616, Palast des florentinischen Gesandten): In Form eines Reflexionsdialogs zwischen Galilei und einem Mönch wird nochmals die Tragweite der astronomischen Entdeckungen deutlich.

Zum kleinen Mönch ➤ vgl. ausführlicher die Kap. 4.4.4 und 5.1

Der kleine Mönch, der sowohl Theologie als auch Mathematik studiert hat, ist Mitglied der Untersuchungskommission von Astronom Clavius gewesen. Als Sohn einfacher Bauern aus der Campagna ist er nach dem Verbot der kopernikanischen Lehre von der Richtigkeit dieser Entscheidung überzeugt, obwohl sie den naturwissenschaftlichen Tatsachen widerspricht. Denn das harte Leben der Bauern erhalte nur durch das von der Kirche gesicherte „alte" Weltbild Sinn. Die Bibel und die kirchliche Verkündigung geben dem ausgebeuteten Volk die Hoffnung auf ein besseres Leben im Jenseits. Die neue Lehre hingegen störe den „Seelenfrieden Unglücklicher“ (77):

> *„Was würden meine Leute sagen, wenn sie von mir erführen, daß sie sich auf einem kleinen Steinklumpen befinden, der sich unaufhörlich drehend im leeren Raum um ein anderes Gestein bewegt, einer unter sehr vielen, ein ziemlich unbedeutender.“* (76)

Galilei greift die zentralen Punkte der Argumentation des kleinen Mönchs auf und widerspricht seiner Schlussfolgerung, dass die Bauern gemäß göttlicher Ordnung arm und leidend sein müssten. Für die Bauern müsse es doch bereits im Diesseits um Glück, Wohlstand und Freiheit gehen. Dies werde ihnen durch die Obrigkeit und Kirche verwehrt. Gerade wissenschaftliche Erkenntnisse (beispielsweise die Wasserpumpe) könnten jedoch eine Verbesserung ihrer Lebensbedingungen sicherstellen. Damit überzeugt Galilei den kleinen Mönch, der sich sofort an das Studium der neuen Erkenntnisse macht.

Hier zeigt sich Brechts Ideal der sogenannten volksverbundenen Wissenschaft, die im Interesse des Volkes den materiellen Wohlstand steigert.

Die Bilder 4 bis 8 zeigen die Entwicklung und Steigerung des Konfliktes zwischen „altem“ und „neuem“ Weltbild:

- Verhalten und Argumentation der florentinischen Gelehrten weisen auf den unversöhnlichen Gegensatz und das enorme Konfliktpotenzial der beiden Konzepte hin.
- Galileis Forscherdrang verschärft den Konflikt weiter, selbst der Ausbruch der Pest kann ihn nicht stoppen.
- Trotz der Bestätigung Galileis durch Pater Clavius wird die kopernikanische Lehre aus machtpolitischen Gründen von der Kirche verboten.
- Das Bild 8 verdeutlicht schließlich die sozialrevolutionäre Wirkung des neuen Weltbildes am Beispiel des kleinen Mönchs.

4.2.3 Phase 3: Galilei zwischen öffentlicher Verehrung und Verrat an der Wissenschaft durch Widerruf (Bild 9–13)

Bild 9 (Florenz 1623, Galileis Haus): Für mehrere Jahre kann Galilei in Florenz nur Forschungen nachgehen, die ideologisch und theologisch unproblematisch sind. Das Dekret von 1616 hat dazu geführt, dass er seit Jahren nichts veröffentlicht hat, obwohl die gelehrte Welt außerhalb Italiens intensiv seine Thesen diskutiert. In Anwesenheit seiner engsten Mitarbeiter und Schüler (Linsenschleifer Federzoni, der kleine Mönch und Andrea Sarti) untersucht Galilei die Eigenschaften schwimmender Körper und stößt auf Widersprüche zur Lehre des Aristoteles.

Ernst Busch (zweiter von links) als Galilei und Fred Düren als Andrea Sarti (rechts daneben) während der Untersuchung des Auftriebs (Inszenierung von Brecht und Erich Engels, Berliner Ensemble, 1957).

Ein ehemaliger Schüler, der Wissenschaftler Filippo Mucius, wird von Galilei heftig kritisiert und des Hauses verwiesen. Er hatte sich auf die Seite der Kopernikus-Gegner gestellt. Deshalb hält ihm Galilei vor: „Wer die Wahrheit nicht weiß, der ist bloß ein Dummkopf. Aber wer sie weiß und sie eine Lüge nennt, der ist ein Verbrecher!“ (81)

Parallel dazu laufen die Hochzeitsvorbereitungen von Virginia, die sich mit Galileis einstigem Schüler Ludovico Marsili verlobt hat. Zur Überraschung aller bringt Ludovico eine Nachricht, die dem Geschehen eine Wendung verleiht: Der alte Papst liege im Sterben und man erwarte, dass der für die Wissenschaften aufgeschlossene Kardinal Barberini neuer Papst werde. Galilei greift die Botschaft mit großer Freude auf und weist seine Mitarbeiter an, sofort mit dem Studium der Sonnenflecken anzufangen: „Wir beginnen wieder mit dem Erde-um-die-Sonne-Zirkus." (88)

Wendepunkt: Hoffen auf den neuen Papst nach dem Botenbericht von Ludovico

Für den potenziellen Schwiegersohn wächst damit die Sorge, dass das einfache Volk und vor allem die von den Adligen unterdrückten Bauern rebellieren. Galileis Forschungsarbeiten, die auf Italienisch geschrieben werden sollen, gefährden umso mehr die bestehende Gesellschaftsordnung. Daher löst Ludovico die Verlobung mit Virginia. Er hält Galilei für unbeeinflussbar in seinem Wissensdrang.

Bruch Ludovicos mit Galilei

Bild 10 (Fastnacht 1632, Marktplatz in Italien): Neun Jahre nach dem Amtsantritt von Papst Urban VIII. hat sich Galileis Lehre im einfachen Volk verbreitet. Der Titel des Bildes beschreibt ihre Wirkung: „Pamphletisten und Balladensänger greifen überall die neuen Ideen auf. Während der Fastnacht 1632 wählen viele Städte Italiens als Thema der Fastnachtsumzüge der Gilden die Astronomie." (94)

Pamphletisten: Verfasser von Streit- und Flugschriften gegen die Obrigkeit

Drei Aspekte prägen das „Florentiner Lied" mit dem Titel „Die erschröckliche Lehre und Meinung des Herrn Hofphysikers Galileo Galilei oder Ein Vorgeschmack der Zukunft" (94), das auf dem Marktplatz vorgetragen wird:

Gilde: Zusammenschluss von Kaufleuten

„Bewegung" im Volk durch Galileis Lehre

- Galilei gilt als „Bibelzertrümmerer" (98) und damit als Zerstörer der alten Ordnung („Schmiß die Bibel weg" […], 95).
- Galilei gilt als Freund der kleinen Leute („Und lernt

vom guten Doktor Galuleh / Des Erdenglückes großes ABC", 97)

- Galilei gilt als Revolutionär, der die Gesellschaft verändert hat („Jetzt soll sich mal die Herrin, he! / Um ihre Dienstmagd drehn.", 95)

Bild 11 (Florenz 1633, Palast der Medici): Die öffentliche Kritik des Volkes durch Pamphlete wird von den Herrschenden mit Sorge betrachtet. Man macht Galilei für die Unruhe im Volk verantwortlich.

Das Gespräch mit Vanni hat Brecht erst im Zuge der Umdeutung des Stücks eingefügt. Es beinhaltet den späteren Selbstvorwurf Galileis aus Bild 14, das Volk durch sein Verhalten verraten zu haben.

Während eines Besuches im Medici-Palast möchte der Forscher dem Großherzog seine neueste Studie, die „Dialoge über die beiden größten Weltsysteme" (103) überreichen. Von Eisengießer Vanni, dem Repräsentanten des Bürgertums, erfährt er, dass Gefahr durch die Inquisition droht. Vanni sichert Galilei die Unterstützung der oberitalienischen Städte zu und fordert ihn auf, aus Florenz zu fliehen, was Galilei jedoch ablehnt. Das Vertrauen des Astronomen in Papst und Großherzog ist noch nicht erschüttert. Er lehnt als Wissenschaftler die Verantwortung für die gesellschaftlichen Folgen seiner Entdeckungen ab: „Ich habe ein Buch geschrieben über die Mechanik des Universums, das ist alles. Was daraus gemacht oder nicht gemacht wird, geht mich nichts an." (101)

Erst die überraschende Begegnung mit dem Kardinal Inquisitor und die ablehnende Haltung des Großherzogs bei dem Versuch, die Studie persönlich zu überreichen, lassen Galilei die wirkliche Gefährdung erkennen. Jedoch gelingt eine Flucht nicht mehr, Galilei wird verhaftet. Er soll nach Rom zu einem Verhör durch die Inquisition gebracht werden.

Bild 12 (Rom 1633, Gemach des Vatikans): Während einer Audienz beim Papst beschreibt der Inquisitor die Situation der Kirche in Italien und Europa. Er verweist auf Krisen, die durch Pest, Reformation und den Dreißigjährigen Krieg entstanden sind. Die Stellung der Kirche sei gefährdet, nicht zuletzt durch die Lehren von Galileo Galilei: „Sollen wir die menschliche Gesellschaft auf den Zweifel begründen und nicht mehr auf den Glauben?" (105)

Der Papst, der sich während des Gesprächs ankleidet, bis er schließlich „in vollem Ornat" (108) ist, äußert mehrfach Sympathie und Bewunderung für Galilei: „Schließlich ist der Mann der größte Physiker dieser Zeit, das Licht Italiens." (107)

Dennoch kann sich der Inquisitor durchsetzen, indem er auf die möglichen Folgen von Galileis Lehre eingeht: In Italienisch verfasst, sind die Texte für das einfache Volk verständlich. Es besteht die Gefahr, dass allgemeine Zweifel an der katholischen Glaubenslehre auftauchen. Der Papst gestattet, dass man Galilei im Rahmen des Inquisitionsverfahrens die Folterinstrumente zeigt.

Das Ankleiden stellt symbolisch die Übernahme der Rolle des Kirchenoberhauptes dar. Aus einem Sympathisanten wird ein Gegner der neuen Wissenschaft.

Das Zeigen der Folterinstrumente ist gleichzusetzen mit der Androhung der Folter. Zu den Maßnahmen zählten u. a. der Daumenstock, Rädern sowie das Bearbeiten mit glühenden Eisen.

Bild 13 (Rom 1633, Palast des florentinischen Gesandten): Nach 23 Tagen Kerkerhaft und einem ausführlichen Verhör durch die Inquisition stellt sich für Galileis engste Mitarbeiter und Schüler die Frage, ob er widerrufen wird. Während seine Tochter Virginia darum betet, hoffen der kleine Mönch, Federzoni und Andrea auf Standhaftigkeit und Prinzipientreue im Namen von Wahrheit und Vernunft. Sie entwickeln sogar eine Vision von einem „neuen" Zeitalter des Wissens, falls Galilei der Macht der „alten" Ordnung widerstanden habe.

Ihr Lehrmeister enttäuscht sie jedoch zutiefst und unterwirft sich letztendlich den Vorgaben der Inquisition, indem er am „22. Juni 1633" (109), kurz nach fünf Uhr, seine

Lehre widerruft, „daß die Sonne das Zentrum der Welt ist […]" (112).

Andreas Reaktion ist sehr emotional, als der fast siebzigjährige Galilei in den Palast des florentinischen Gesandten gebracht wird. „Unglücklich das Land, das keine Helden hat!" (113), hält er seinem Lehrer entgegen. Der zermürbte und äußerlich „bis zur Unkenntlichkeit" (113) veränderte Gelehrte erwidert in Verneinung einer ihm von seinem Schüler Andrea zugeschriebenen Heldenrolle nach längerer Überlegung: „Unglücklich das Land, das Helden nötig hat." (114)

Das Zitat verweist auch auf die politischen Zeitumstände von Brechts Leben im Exil: Er deutet hier an, wie er den Zustand Deutschlands in den 1930er-Jahren bewertet.

Im Nachspann des Bildes wird ein Auszug des Buches DISCORSI projiziert, des wichtigen Hauptwerkes von Galilei, das nun nicht mehr publiziert werden kann.

Die Bilder 9 bis 13 zeigen die Verschärfung und Eskalation des Konflikts zwischen „altem" und „neuem" Weltbild:

- Diese Phase des Konflikts ist von Brecht so gestaltet, dass auch die Perspektive der Gegner und die unmittelbaren gesellschaftlichen Auswirkungen von Galileis Lehre deutlich werden.
- Galilei wird vom wissenschaftlichen Gelehrten, der sich mit Astronomie und Physik beschäftigt, zum Vorbild des Volkes.
- Soziale Veränderungen und Kirchenkritik werden mit Galileis Namen in Verbindung gebracht, obwohl er diese Rolle bis zuletzt nicht akzeptiert. Er beharrt auf der Autonomie der Wissenschaft, auch wenn er seine Texte in Italienisch und nicht mehr in der Gelehrtensprache Latein verfasst.
- Insofern ist auch die Auslieferung an die Inquisition auf Galileis Naivität und mangelnde Realitätswahrnehmung zurückzuführen.
- Der öffentliche Widerruf in Bild 13 zeigt die Grenzen wissenschaftlicher Freiheit auf. Galilei ist trotz seiner gelehrten Rastlosigkeit kein Befreier des Volkes bzw. Widerstandskämpfer.

4.2.4 Phase 4: Die Folgen des Widerrufs (Bild 14–15)

Bild 14 (Landhaus in Arcetri, nach 1633): Der alte und nahezu blinde Galilei lebt als Gefangener der Inquisition mit seiner Tochter Virginia in einem Landhaus bei Florenz. Drei Merkmale prägen die letzten Jahre seines Lebens: die ständige Kontrolle seiner Arbeit durch die Kirche, die heimliche Abschrift der DISCORSI als neue Studie über die Mechanik und die Fallgesetze sowie die Verbitterung über seinen öffentlichen Widerruf.

Galilei hat sich der Macht der Kirche weitgehend unterworfen. Seine Tochter, enttäuscht über die gescheiterte Verlobung mit Ludovico, überwacht ihn und seine Arbeit: „Er tut nichts gegen die Vorschriften. Seine Reue ist echt. Ich passe auf ihn auf.“ (116) Sie unterstützt ihren Vater als Sekretärin und bestärkt ihn dabei, eine kritische Stellungnahme gegen rebellische Hafenarbeiter zu schreiben. Zugleich übergibt sie alle neuen wissenschaftlichen Texte, die er ihr diktiert, den kirchlichen Behörden zur Prüfung.

Virginia übernimmt die Rolle von Frau Sarti und wird zugleich zur Aufseherin im Auftrag der Kirche.

➤ Vgl. ausführlicher Kap. 4.4.5.

Landhaus des Galilei in Arcetri, bekannt als „Villa il Gioiello", in der Galileo Galilei 1642 verstarb

Andrea Sarti, inzwischen ein Mann Anfang 40, besucht Galilei in Arcetri. Er ist auf dem Weg nach Holland. In angespannter Atmosphäre berichtet er über die negativen Auswirkungen von Galileis Widerruf auf die Wissenschaft

Verstellung und Wahrheit: Galilei im Gespräch mit Andrea Sarti

und die einstigen Anhänger seiner Lehre (wie etwa auf Fulganzio und den kleinen Mönch). Zu seiner Überraschung teilt ihm Galilei jedoch mit, dass er eine heimliche Abschrift der neuesten Studie DISCORSI angefertigt habe, die Andrea mit nach Holland nehmen könne, wenn er die Herkunft des Textes nicht offenbare. Der einstige Schüler nimmt das Angebot gerne an und ist überzeugt, Galileis Widerruf missverstanden zu haben: „Sie versteckten die Wahrheit. Vor dem Feind. Auch auf dem Felde der Ethik waren Sie uns um Jahrzehnte voraus." (122) Dies ist der Versuch, seinen Lehrer zum vorausschauenden, moralisch integeren Kämpfer für die Wahrheit zu stilisieren.

Der vollständige Titel lautet: GESPRÄCHE, BETREFFEND ZWEI NEUE WISSENSZWEIGE: MECHANIK UND FALLGESETZE

Doch Galilei lehnt dieses Deutungsangebot ab. Er gesteht ein, aus Furcht vor körperlichen Schmerzen durch die Folter der Inquisition widerrufen zu haben. Ferner verweist er in einem längeren Monolog (124–126) darauf, dass es die Aufgabe des Wissenschaftlers gewesen wäre, besondere Tapferkeit und Standfestigkeit zu beweisen. Zum wissenschaftlichen Ethos gehöre es vorrangig, die „Mühseligkeit der menschlichen Existenz zu erleichtern" (125) und das Wissen zum Wohle der Menschheit anzuwenden. Dadurch, dass er sein Wissen der Kirche und damit allen Machthabern überliefert habe, „es zu gebrauchen, es nicht zu gebrauchen, es zu mißbrauchen, ganz, wie es ihren Zwecken diente" (126), habe er seinen Berufsstand verraten.

Ethos (Haltung) der Wissenschaft

Galileis Symbolhandlung bei der Verabschiedung: kein Handschlag mit Andrea

Bild 15 (1637, italienische Grenzstadt): Am Schluss des Stückes werden Andrea Sartis Papiere und Gepäckstücke in einer kleinen italienischen Grenzstadt von Zöllnern auf religionsfeindliche Schriften überprüft. Während der Kontrolle liest Andrea offen im Manuskript der DISCORSI. Die Beamten werden – auch wegen ihrer geringen Bildung – nicht fündig und lassen Andrea auf seiner Reise nach Holland passieren.

Währenddessen haben einige Kinder Andrea in ein Gespräch über Hexen und das Fliegen verwickelt. In diesem Zusammenhang bekennt sich Andrea zu einem verhaltenen Optimismus hinsichtlich der kommenden technischen und naturwissenschaftlichen Entwicklungen:

Andrea wird selbst zum Lehrer, der nun die nächste Generation auf wissenschaftliche Weise belehrt.

> „*Auf einem Stock kann man nicht durch die Luft fliegen. Er müßte zumindest eine Maschine dran haben. Aber eine solche Maschine gibt es noch nicht. Vielleicht wird es sie nie geben, da der Mensch zu schwer ist. Aber natürlich, man kann es nicht wissen. Wir wissen bei weitem nicht genug, Giuseppe. Wir stehen wirklich erst am Beginn.*“ (131)

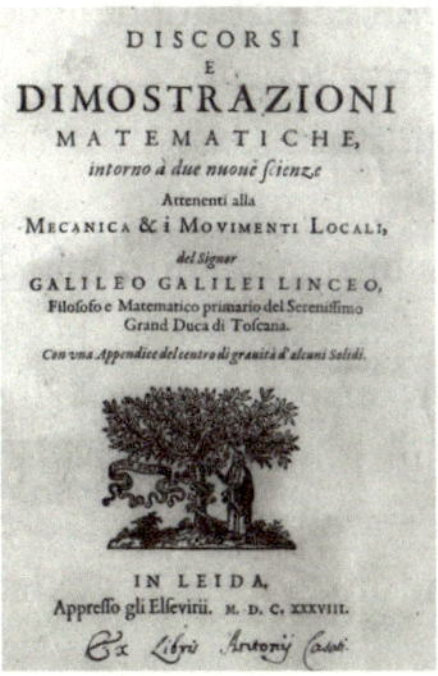

DISCORSI
E
DIMOSTRAZIONI
MATEMATICHE,
intorno à due nuoue ſcienze
Attenenti alla
MECANICA & i MOVIMENTI LOCALI,
del Signor
GALILEO GALILEI LINCEO,
Filoſofo e Matematico primario del Sereniſſimo
Grand Duca di Toſcana.
Con una Appendice del centro di granità d'alcuni Solidi.

IN LEIDA,
Appreſſo gli Elſevirii. M. D. C. XXXVIII.

Titelblatt aus den DISCORSI. Im Jahre 1638 sind die in Italienisch verfassten Schriften im holländischen Leiden gedruckt worden.

Die Bilder 14 und 15 führen die Handlung zu einem ambivalenten Ende:

- Bild 14 reflektiert über die gesellschaftliche Verantwortung des Wissenschaftlers. Galilei bekennt, dass sein Verhalten und seine Anpassung an die bestehenden Herrschaftsstrukturen einer im Dienst der Menschheit stehenden Wissenschaft nachhaltig geschadet haben.
- Bild 15, das in der Berliner Inszenierung Brechts nicht aufgeführt wurde, vermittelt den Blick auf eine neue Zeit der wissenschaftlichen Forschung und Neugierde. Jedoch bleibt offen, ob die Menschheit immer davon profitieren kann.

4.3 Zentrale Themen und Leitmotive

4.3.1 Themen des Dramas

Das Stück erweckt vordergründig den Eindruck einer Biografie oder dramatisierten Chronologie.

Eine erste Lektüre von LEBEN DES GALILEI könnte an ein Stück denken lassen, das geschichtliche Themen verfolgt. Dies täuscht jedoch: Im Zentrum des Dramas steht vielmehr das Wissenschaftsverständnis der modernen Gesellschaft. Brecht behandelt

Leitthemen: Verhältnis von Wissenschaft und Gesellschaft

- am Beispiel Galileis die soziale Rolle und Verantwortung des Wissenschaftlers,
- die Bewertung von Galileis Widerruf als Verrat am eigenen wissenschaftlichen Ethos und zugleich als Verrat am Bürgertum,
- den Konflikt zwischen Adel und Kirche auf der einen sowie dem Volk auf der anderen Seite als Gegensatz zweier verfeindeter gesellschaftlicher Klassen.

Bild 14 als Schlüsselszene, ➤ vgl. Kap. 5.3

Diese drei Bereiche zeigen sich sehr deutlich im Bild 14. Galileis persönliches Versagen, seine Schwäche gegenüber der angedrohten Folter, bewirken eine heftige Selbstanklage. Als Gefangener der Inquisition zieht er Bilanz. Die durch den Widerruf ausgelösten unmittelbaren Ereignisse treten hinter eine grundsätzliche Entwicklung zurück:

> *„Hätte ich widerstanden, hätten die Naturwissenschaftler etwas wie den hippokratischen Eid der Ärzte entwickeln können, das Gelöbnis, ihr Wissen einzig zum Wohle der Menschheit anzuwenden!“* (126)

Die Deutung des Bildes 14 betont, hier sei die „Erbsünde“ der modernen Wissenschaft dargestellt. ➤ Vgl. ausführlicher Kap. 5.3.

Diese Zukunftsvision im Konjunktiv formuliert die „Erbsünde“ der modernen Wissenschaft: Galileis Einlenken und Nachgeben angesichts der Folterinstrumente ist für Brecht Ausdruck einer Feigheit, die zur Bewahrung der gesellschaftlichen Machtverhältnisse beiträgt. Der Wissenschaftler der Moderne wurde „eingeschüchtert durch selbstsüchtige Machthaber" (125). Die herrschende Klasse kann das Wissen „gebrauchen" und „mißbrauchen" (126), wie es in ihrem Interesse liegt.

Wissenschaftlicher Fortschritt steht mit Galileis Entscheidung nicht mehr im Auftrag der Menschen und des gesamten Volkes. Er hat sich in sein Gegenteil verkehrt und ist zu einem „Fortschreiten von der Menschheit weg" (125) geworden.

Galilei geht in seinem negativen Zukunftsentwurf aber weiter: Entmenschlichte Forschung führt dazu, dass die technische Leistungsfähigkeit der neuen Maschinen „nur neue Drangsale bedeuten" (125).

In dialektischer Weise zeigt Brecht den Gegensatz zwischen Auftragsarbeit und Forschung um der Menschen willen.

Im 20. Jahrhundert ist dies für Brecht Realität geworden:

- durch den Verzicht auf eine eindeutige Bindung an den gesellschaftlichen Nutzen: „Das Elend der Vielen ist alt wie das Gebirge [...]." (125) Die Erfindungen der Moderne haben daran wenig geändert;
- durch Wissenschaftler, die zu Auftragsarbeitern für die Interessen weniger Reicher oder Mächtiger herabgestuft wurden: „[...] ein Geschlecht erfinderischer Zwerge, die für alles gemietet werden können" (126);
- durch Technologien wie die Atom- und Wasserstoffbombe, die massiven Schaden für die Menschheit mit sich bringen und sogar zu einem „universalen Entsetzensschrei" (126) führen können;
- durch den Verlust an Kontrolle über die Auswirkungen und Folgen von Forschung.

Brechts Gesellschaftskritik basiert auf der These vom Antagonismus der Ausbeuter und Ausgebeuteten, der historisch zu Klassenkämpfen und letztlich zum Untergang der Ausbeuter führt. Galilei hätte sich an die Spitze der Ausgebeuteten setzen können.

Die Existenz gegensätzlicher Klassen hätte durch einen selbstbewusst auftretenden Galilei zum Wohle der Vielen beseitigt werden können: „Einige Jahre lang war ich ebenso stark wie die Obrigkeit." (126) Diese Chance ist weitgehend vertan, das alte Spiel der Herrscher kann trotz zahlreicher Erfindungen und Entdeckungen weitergehen.

Mit der gesellschaftlichen Dimension der Wissenschaft verknüpft sind die Leitmotive des Stückes. Wie im Folgenden dargestellt, werden an verschiedenen Stellen thematische Elemente in ähnlicher Weise verwendet.

4.3.2 Die Motive „Sehen" und „Glotzen"

Die Motive sind jeweils einer Aussageabsicht zugeordnet. Sie wirken durch ihr mehrfaches Auftreten handlungsstützend.

Die Motive „Sehen" und „Glotzen" bilden die beiden zentralen Gegensätze ab, die mit der „neuen" und der „alten" Zeit verbunden sind. Die Repräsentanten des alten Weltbildes, vor allem die Gelehrten in Florenz (Bild 4) und die Geistlichen (Bild 6), sind an eine Perspektive gewöhnt, die den Menschen auf Gott hin ausrichtet. Der Blick in die Bibel und das Vertrauen, unter Gottes Obhut zu stehen, prägen ihre Sichtweise. Bereits im ersten Bild formuliert der Kurator der Universität Padua das charakteristische Leitmotto: „Die Augen hat man nur zum Lesen." (19)

Die Vorstellung vom Menschen als „Krone der Schöpfung" geht auf 1. Mose 1,27 f. zurück. Danach ist der Mensch Ebenbild Gottes und Herrscher über alle Geschöpfe.

Anspielung auf den 1600 hingerichteten Giordano Bruno

Dementsprechend begründet der sehr alte Kardinal sein Festhalten am geozentrischen Modell, „damit Gott mich sieht. So kommt sichtbar und unwiderleglich alles an auf mich, den Menschen, die Anstrengung Gottes, das Geschöpf in der Mitte, das Ebenbild Gottes [...]" (62).

Zugleich drohen die Mächtigen Galilei mit dem Hinweis auf das Sehen als prophetisches Element: „Wissen Sie, ich sehe nicht mehr allzu gut, aber das sehe ich doch, daß Sie diesem Menschen, den wir seinerzeit verbrannt haben [...] auffallend gleichen." (61 f.)

Denn Galileis Art des Sehens irritiert und schockiert die Zeitgenossen. Über das Wahrnehmen hinaus geht es ihm um das Zweifeln und das begründete Deuten von Sinneseindrücken. So ermahnt er Andrea Sarti: „Was siehst du? Du siehst gar nichts. Du glotzt nur. Glotzen ist nicht sehen." (11) Damit verlangt er neben dem passiven Wahrnehmen auch das aktive Handeln in Form von vernünftigem Denken und Schlussfolgern.

Ehrgeiz legt Galilei gleichfalls im Umgang mit den Gelehrten in Florenz an den Tag. Dem Freund Sagredo hat er noch vor dem Umzug sein Programm beschrieben: Er will die Mönche „bei den Köpfen nehmen und sie vor das Rohr schleifen.“ (38)

Sehen im wissenschaftlichen Sinne wird durch das Fernrohr ermöglicht. Dieses erscheint einerseits in der Rolle des mechanischen Instruments, um zu neuem Wissen zu gelangen. Ausschließlich mit seiner Hilfe kann die Forschergruppe um Galilei das heliozentrische Weltbild beweisen. Zufällig wird es von Ludovico Marsili aus Holland mitgebracht und löst die folgenden Ereignisse aus, die zur Revolution eines Weltbildes führen (Bild 1 und 3).

Im Gegensatz zur wissenschaftlichen Lehre der Scholastik beruht Galileis Konzept auf der Beschreibung der Wirklichkeit mittels mathematischer Gesetze, die dem vordergründigen Augenschein auch widersprechen können.

1608 entwickelte der holländische Brillenmacher Johann Lipper(s)hey ein Linsenfernrohr, das die Grundlage von Galileis Weiterentwicklung wurde.

Modell eines Galilei'schen Fernrohrs mit konkaver und konvexer Linse (Nachbau von 1900, Universität Innsbruck): „Und das Rohr hatte zwei Linsen?" (Galilei zu Ludovico, 15)

Andererseits hat das Fernrohr aber auch Eigenschaften eines klassischen Wirtschaftsgutes. Es verspricht für die Republik Venedig finanzielle und militärische Vorteile (Bild 2), ferner bringt es durch die Anfertigung von Sternenkarten der Schifffahrt und dem Handel im Allgemeinen große Vorteile: „Die oberitalienischen Seestädte fordern immer dringender für ihre Schiffe die Sternkarten des Herrn Galilei. Man wird ihnen nachgeben müssen, es sind materielle Interessen.“ (107)

Galilei ist sich sehr früh des finanziellen Profits bewusst, den man daraus ziehen kann. Bei den Verhandlungen mit Kurator Priuli gibt der praktische Nutzen des Fernrohrs letztlich den Ausschlag für die Gehaltsverdoppelung (Bild 2). Auch dies lässt erkennen, dass Gesellschaft und Wissenschaft den ökonomischen Prinzipien unterworfen sind. Diese gilt es für die Menschen zu erkennen.

Die Beobachtung der Sterne durch das Linsenfernrohr erforderte von den Menschen die Bereitschaft, sich auf das Neue, Unbekannte einzulassen. Die Anhänger der aristotelischen Lehre hingegen konnten sich auf eine lange Tradition berufen.

Abschließend steht der Motivkomplex „Sehen – Glotzen – Fernrohr" für die gesellschaftlichen Dimensionen der neuen Zeit. Das Fernrohr als technisches Hilfsmittel ermöglicht es den Augen und damit dem menschlichen Verstand, Wahrheit zu erkennen. Dieser Prozess erfordert Anstrengung und überwindet das bisherige bloße „Glotzen". Wie die Natur und der Kosmos durch die Leistung des Sehens gemacht werden, so muss auch die Gesellschaft durch aktives Handeln gestaltet werden.

Der kleine Mönch betont in diesem Zusammenhang mit aller Klarheit: „Und mit Gewalt kann man nicht ungesehen machen, was gesehen wurde." (111)

4.3.3 Die Motive „Milch" und „Buch"

Eine auf den ersten Blick ungewöhnliche Kombination liegt durch die häufig kontrastierend verwendeten Motive „Milch" und „Buch" vor. Bereits im ersten Bild verknüpft Brecht beide Motive. Beispielsweise sagt der Wissenschaftler zu Andrea: „Stell die Milch auf den Tisch, aber klapp kein Buch zu." (7)

Das Motiv der Milch durchzieht das gesamte Drama. Damit verweist Brecht auf die materialistische Grundlage der Forschung, die hohen Idealen entgegengesetzt ist.

Damit werden die beiden zentralen Bestandteile von Galileis Leben angesprochen – die Milch als Symbol für die biologischen Bedürfnisse des Menschen und das Buch als Ausdruck der geistigen Tätigkeit eines Forschers. Des Öfteren wird Frau Sarti Galilei an die Bedeutung der Milchrechnung erinnern, wenn er von seinen Forschungen eingenommen ist (Bild 1). Umgekehrt betont Galilei den

Gegensatz zwischen seiner Arbeit und den Erfordernissen des Alltags, die eine ungehinderte Forschungstätigkeit hemmen: „Dazu, daß man es begreift, arbeite ich und kaufe die teuren Bücher, statt den Milchmann zu bezahlen." (11)

Mit dem Motiv des Buches verknüpft ist auch das Schreiben als neue Form der Verbreitung von Wissen. Sogar für den fast erblindeten Galilei gehört es zu den Gewohnheiten eines Wissenschaftlers. Für den Papst ist diese Tätigkeit in mehrfacher Hinsicht eine „Krätze" (120).

Schreiben als Form der Wissensverarbeitung: Seit der Erfindung des Buchdrucks im 15. Jahrhundert entwickelt sich die schriftliche Dokumentation zur wichtigen wissenschaftlichen Kommunikationsform.

Insofern kommt beiden Motiven gesellschaftliche Bedeutung zu. In seinem Schlussmonolog (Bild 14) fordert Galilei dazu auf, sowohl den „Kampf um die Meßbarkeit des Himmels" als auch den „Kampf der römischen Hausfrau um Milch" (125) zu führen. Wissenschaft kann nicht isoliert betrachtet werden, vielmehr gehören leibliches und geistiges Wohlbefinden unmittelbar zusammen. Der Auftrag der Gelehrten ist es, sich „mit beiden Kämpfen" (125) zu beschäftigen und die Gesellschaft zum Wohle des gesamten Volkes zu verbessern.

Ein mehrdeutiges Beispiel dazu liefert Andrea Sarti im Bild 15. Ausgestattet mit einer Kiste voller Bücher, den DISCORSI von Galilei und einem Krug Milch wartet er auf die Freigabe der Grenzwächter. In Italien zurück lässt er aber wenig später nur die Milch. Dies kann als Zeichen der Solidarität mit einer bedürftigen „Alten" gedeutet werden, die „nirgends in der Stadt auch nur einen Topf Milch" (129) erhält. Jedoch könnte es auch für die Überwindung der gesellschaftlichen Bindungen der Wissenschaft stehen, die nach der Verbreitung der Erkenntnisse der modernen Physik wie vom „Teufel" (131) besessen ihrer zügellosen Entfaltung entgegengeht.

Das Bild 15 greift das Motiv der Milch aus Bild 1 auf, sodass dieses als Rahmenmotiv gedeutet werden kann.

Die Aussagekraft des Dramas wird durch Motive gestärkt, die für bestimmte Situationen, Handlungsweisen oder Figuren charakteristisch sind: *Stein, hell/dunkel, blind* sind als Randmotive gestaltet.

4.3.4 Randmotive

Neben Leitmotiven verwendet Brecht weitere Motive wie beispielsweise den Stein, den Gegensatz von hell und dunkel sowie blind bzw. Erblindung. Der Stein wird bei Galileis Experimenten zur Beweisführung eingesetzt. Er soll die Methode des Wissenschaftlers demonstrieren: beobachten und schlussfolgern (Bild 9 und 13). Der Kontrast von hell und dunkel findet sich im Kontext der „neuen“ und der „alten“ Zeit (Bild 14). Das Motiv der Blindheit ergänzt das des Sehens: In dem Maße, wie Galilei körperlich erblindet, erkennt er umso deutlicher die (politische und menschliche) Tragik seines Forscherlebens (Bild 14).

Verwendung der Motive zur Gestaltung der thematischen Aussage:

- Gegensätzlichkeit vieler Motivpaare (Sehen – Glotzen, Buch – Milch) als Dialektik von alter und neuer Zeit;
- Das Fernrohr symbolisiert einerseits technischen Fortschritt, andererseits stellt es Handelsware (Zweck: Gewinn, Militär) dar;
- Rahmenmotive Milch und Buch (Bild 1 und 14/15) als Ausdruck der Einheit von physischer und psychischer bzw. sozialer und intellektueller Tätigkeit.

4.4 Figuren und Figurenkonstellation

4.4.1 Figurenkonstellation

Entsprechend der Thematik und des Titels steht die Hauptfigur Galilei im Zentrum der Dramenhandlung. Ihr sind alle weiteren Figuren zugeordnet, sie kreisen – bildlich gesprochen – um ihn.

Figurenkategorien

Das Figurenregister (6) führt neben Galilei vierzehn Figuren mit Namen auf (z. B. Andrea Sarti, Ludovico Marsili, Sagredo, Virginia). Mehr als 30 Figuren werden nur mit ihrer Amts- oder Berufsbezeichnung genannt, so z. B. „Der Doge“, „Der Theologe“, „Der Kardinal Inquisitor“. Als dritte Figurenkategorie finden sich die Vertreter von verschiedenen gesellschaftlichen Gruppen (z. B. „Ratsherren", „Mönche", „Frauen", „Kinder").

Die Einteilung verdeutlicht, dass es Brecht in vielen Fällen nicht um individuelle Charaktere geht. Stattdessen vertreten die Figuren bestimmte soziale Positionen. Ihre Bezüge zur Zentralfigur sind vielfältig und lassen sich grundsätzlich in zwei gegensätzliche Lager einordnen:

Die Vertreter der „alten" und der „neuen" Zeit unterscheiden sich vorrangig durch ihr Verhältnis zu Autorität und Tradition.

- Vertreter der „alten" Zeit bzw. des „Glotzens": die Vertreter der Kirche, die florentinischen Gelehrten, der adlige Großgrundbesitzer Ludovico Marsili, ferner die zahlreichen Amtsträger (wie z. B. ein hoher Beamter).
- Vertreter der „neuen" Zeit bzw. des neuen „Sehens" wie Galileis Schüler Andrea Sarti und sein Mitarbeiter Linsenschleifer Federzoni, ferner Bürger wie der Eisengießer Vanni, schließlich der Balladensänger als Repräsentant des einfachen Volkes.

Figurenkonstellation in LEBEN DES GALILEI

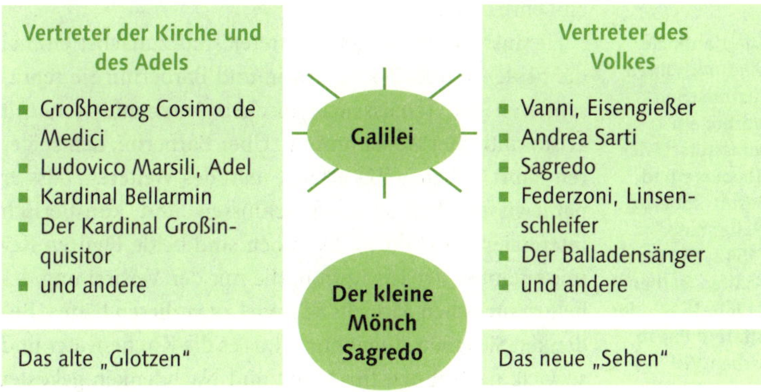

Bei dieser Gegenüberstellung sollte man allerdings berücksichtigen, dass es „Zwischenfiguren" gibt, die keinem der Lager eindeutig angehören. Sicherlich muss man dazu Ga-

Galilei lebte und handelte in einer Zeit des Übergangs. Eine ambivalente Position nehmen daher Figuren ein, die erkannt haben, dass die „Wahrheit [...] das Kind der Zeit" (49) ist, sich aber trotzdem der Autorität der Kirche beugen.

lileis Freund Sagredo zählen, außerdem den kleinen Mönch. Ebenso gehören in diese Kategorie der Astronom Pater Christopher Clavius, der Galileis Lehre bestätigt, und Kardinal Barberini/Papst Urban VIII., der erst nach langem Zureden des Großinquisitors seinen Schutz für Galilei einstellt. Eine Sonderrolle kommt den beiden Frauenfiguren zu: Galileis Tochter Virginia und seiner Haushälterin Frau Sarti.

4.4.2 Die gesellschaftlichen Klassen

Brechts Schauspiel betont die Dialektik der Klassen. In der Zuordnung der Figuren zur Hauptfigur Galilei wird dies umso deutlicher. Vertreter aller gesellschaftlichen Gruppierungen müssen sich entscheiden, wie sie zu den Entdeckungen und dem daraus abgeleiteten Weltbild stehen. Im Überblick zeigt sich, dass ein vielfältiges Spektrum an Figuren aus dem Bereich der Kirche und des Adels in Erscheinung tritt, die jeweils unterschiedliche Haltungen zur neuen Lehre einnehmen.

Die Kardinäle sind nach ihren historischen Vorbildern konstruiert: der Theologe und Jesuit Roberto Bellarmino (1542–1621) und Maffeo Barberini (1568–1644), der spätere Papst Urban VIII.

Herausragende Kirchenvertreter sind zunächst einmal die beiden Kardinäle Bellarmin und Barberini. Sie repräsentieren die renaissancetypischen Kirchenfürsten mit aristokratischer Abstammung. Über Barberini, den späteren Papst Urban VIII., erfährt man des Weiteren, dass er naturwissenschaftlich aufgeschlossen und künstlerisch interessiert ist (Bild 7). Dennoch sind beide Figuren Repräsentanten der Institution, die mit der Verbreitung des heliozentrischen Modells sehr viel zu verlieren hätte: „Bedenken Sie einen Augenblick, was es die Kirchenväter und so viele nach ihnen für Mühe und Nachdenken gekostet hat, in eine solche Welt [...] etwas Sinn zu bringen." (68)

Die Kirche erscheint ferner in Gestalt einer heterogenen Gruppe Geistlicher, die während der Untersuchung des Clavius auf das Ergebnis der Prüfung warten. Besonders sticht aus dieser Gruppe der sehr alte Kardinal hervor. Er steht symbolisch für die kränkelnde und „baufällige" Kirche: „Die alten Lehren, die tausend Jahre geglaubt wurden, sind ganz baufällig" (21), wie Galilei es gegenüber Andrea formuliert hat.

Allgegenwärtig, wenngleich nicht immer dominant, ist der Inquisitor (Bild 6, 7, 11 und 12), der hinter Galileis Rücken operiert und Spione auf ihn und seine Tochter angesetzt hat (Bild 7). Es handelt sich um einen namenlosen Kardinal, der als Großinquisitor weitgehend im Geheimen arbeitet. Gestalterisch auffällig ist, dass sich Galilei und der Kardinal Inquisitor im Schauspiel ständig in entgegengesetzter Richtung bewegen (Bild 6, 7 und 11), sodass sie nicht in ein längeres Gespräch eintreten.

Brecht deutet den Gegner Galileis im Bild 7 an: Der Kardinal Inquisitor steht an der Spitze des Heiligen Offiziums und leitet als mächtige Figur im Hintergrund das Inquisitionsverfahren.

Unabhängig davon hat die Wissenschaft aber einen festen Platz in der Kirche. Dafür steht der Astronom Pater Clavius (ein Jesuit und Mathematiker), der als höchste astronomische Instanz gilt (Bild 4 und 6). Erst seine bestätigende Prüfung der Ergebnisse Galileis führt zu einem Einschreiten des Heiligen Offiziums. Dies verdeutlicht, dass wissenschaftliche Maßstäbe in der Kirche nicht den höchsten Platz einnehmen. Denn in LEBEN DES GALILEI ist die Kirche vor allem eine politische Institution. Sie verkörpert die Obrigkeit, welche die Erhaltung des Bestehenden zum höchsten Ziel erhoben hat.

Der päpstliche Astronom Pater Clavius beschreibt am Ende des Bildes 6 die Tragweite von Galileis Entdeckungen: „Jetzt können die Theologen sehen, wie sie die Himmelskreise wieder einrenken!" (63)

➤ Vgl. Kap. 5.2

Die Politik der Kirche in Italien wird vom Adel unterstützt. Dafür stehen der Großherzog von Florenz und seine Hofgelehrten, ferner Ludovico Marsili als Repräsentant des Landadels und damit der Großgrundbesitzer. Während der Großherzog als Knabe nur in Ansätzen die Tragweite der astronomischen Erkenntnisse versteht (Bild 4), wird er als Schüler Galileis für dessen Forschungen aufgeschlossen und interessiert. Er finanziert die Untersuchungen und Publikationen Galileis, kann aber den Machtstrukturen

Der Großherzog von Florenz und sein Hofstaat stehen unter dem Einfluss der Inquisition, deren Beamte häufig Jesuiten- und Dominikanermönche waren.

Italiens und dem Einfluss der Inquisition nichts entgegensetzen (Bild 12). Die Stabilisierung seiner Herrschaft steht im Zentrum des Regierungshandelns. Der Großherzog teilt Galilei die Auslieferung an die Inquisition nicht selbst mit, vielmehr ist er im vorangehenden Gespräch „ein wenig verlegen" (103). Er begründet die Übergabe indirekt damit, dass Galilei sein „vortreffliches Rohr vielleicht ein wenig zu eifrig" (103) benutzt habe.

Im Mittelalter basierte das Universitätssystem auf vier Fakultäten: die philosophische, theologische, juristische und medizinische. Zentrales Erkenntnismittel war der Disput (Gespräch auf der Grundlage der bestehenden Lehre).

Dies stellten bereits im Bild 4 die Hofgelehrten des Großherzogs fest. Für sie ist das Teleskop kein wissenschaftlich legitimes Forschungsmittel. Als Schriftgelehrte und Rhetoriker haben sie einen festen Bezugsrahmen, die aristotelische Lehre, um Forschung und akademisches Arbeiten zu begründen. Folglich hüten sie gemeinsam mit den Geistlichen und Theologen die Auslegung der Schrift und lassen sich nicht auf Galileis neue wissenschaftliche Methode der Beobachtung und Deutung ein. Referenzquelle ihrer Arbeit ist die Heilige Schrift und die daraus abgeleitete Weltordnung.

Der reiche Adlige Ludovico Marsili repräsentiert den katholischen Landadel der Campagna (Landschaft in der Nähe Roms).

Für diese statische Ordnung steht auch Ludovico Marsili, der Galilei während der ersten und zweiten Phase der Forschungen begleitet und jeweils durch seinen Bericht Impulse für neue Anstrengungen des Gelehrten gibt: Er bringt aus Holland das neu entwickelte Fernrohr mit, das zur Grundlage der astronomischen Entdeckungen wird (Bild 1). Des Weiteren überbringt er Jahre nach der Ermahnung Galileis die Botschaft, dass sich ein neuer, wissenschaftlich aufgeschlossener Papst ankündigt (Bild 9). Dabei ist Ludovico der typische Repräsentant des Landadels, der neben der Kirche am meisten durch eine gesellschaftliche Revolution als Folge eines neuen Weltbildes zu verlieren hätte. Obwohl er „keinen Kopf für die Wissenschaften" (14) hat, wird er zu einem Schüler Galileis, weil seine Mutter meint, „ein wenig Wissenschaft ist nötig" (15). Schnell lernen sich Virginia und Ludovico näher kennen (Bild 2) und begleiten Galilei auf seinen Reisen nach Venedig (ebd.) und Rom (Bild 7). Auf dem Maskenball in Rom zeigt sich, dass beide eine feste Beziehung anstreben, sie sind 1616 bereits verlobt. 1624 trennt sich Ludovico kurz vor der bereits geplanten Hochzeit von Virginia (Bild 9): Die konservative Grundhaltung, die er verkörpert, verlangt er auch von seiner Frau: „Meine Frau wird auch im Kirchenstuhl unserer Dorfkirche Figur machen müssen." (89) Deshalb hat er so lange an der Partnerschaft mit Virginia festgehalten. Er löst sie, als Galilei die Forschungsarbeiten wieder aufnimmt. Ludovicos ausbeuterische Grundhaltung gegenüber den Bauern lässt keine Beziehung zur Tochter eines Gelehrten zu, der ein revolutionäres und antibiblisches Weltbild vertritt:

> *„Jedoch könnte es sie* [die Bauern] *verstören, wenn sie erführen, daß frivole Angriffe auf die heiligen Doktrinen der Kirche nunmehr ungestraft blieben. Vergessen Sie nicht ganz, daß diese Bedauernswerten in ihrem vertierten Zustand alles durcheinanderbringen. Sie sind wirkliche Tiere* […]." (91)

Die Repräsentanten einer neuen Gesellschaftsklasse: Das städtische Bürgertum betrieb Manufakturen als vorindustrielle Großbetriebe auf Basis des Handwerks. Zeitgleich entstanden Geldmärkte (Börsen) zum Handel mit Aktien und Anleihen.

Allmählich zeichnet sich in LEBEN DES GALILEI jedoch auch die Entstehung einer neuen Gesellschaftsklasse ab: das städtische Bürgertum. Im wirtschaftlich aufstrebenden Norditalien spielt es eine wichtige Rolle. In Padua (und damit repräsentativ für die Republik Venedig) wird es durch den Kurator der Universität, Herrn Priuli, verkörpert (Bild 1 bis 3). Dieser weist konträre Charaktermerkmale auf, da er einerseits bemüht ist, Galilei in Padua zu halten, andererseits aber den ökonomischen Zwängen gänzlich ausgeliefert ist. Für Priuli ist Forschung Auftragsarbeit, die zu klaren Resultaten und praktikablem Wissen führen muss: „Unsere Kaufleute, die wissen, was besseres Leinen im Kampf mit der Florentiner Konkurrenz bedeutet, hören mit Interesse Ihren Ruf ‚Bessere Physik!'" (19) Durch Galileis vermeintliche Erfindung des Fernrohrs getäuscht, zeigt sich der Kurator in seiner bürgerlichen Ehre verletzt (Bild 3) und „zum Gelächter der Stadt gemacht" (30).

Für die Vielfalt der neuen bürgerlichen Klasse steht der Eisengießer Vanni, der seit der zweiten (amerikanischen) Fassung das Angebot des Bürgertums unterbreitet, Hilfe zur Flucht zu leisten.

Gleichfalls zur Gruppe der Bürgerlichen zählt der Eisengießer Vanni, der selbstbewusst und interessenorientiert sowie gewinnstrebend agiert (Bild 11). Als Besitzer einer Gießerei interessiert ihn die Verwertbarkeit von Galileis Forschungen bei der praktischen Arbeit. Ferner erwartet er durch gesellschaftliche Neuerungen große Gewinnchancen dank der Erschließung weiterer Absatzmärkte. Deshalb steht er gänzlich hinter Galilei und bietet ihm den Schutz vor der Inquisition an: „Ich stehe und falle mit Männern wie Sie, Herr Galilei. Wenn man je versuchen sollte, etwas gegen Sie zu machen, dann erinnern Sie sich bitte, daß Sie Freunde in allen Geschäftskreisen haben." (101)

Durch die Ablehnung dieses Angebots vergibt sich Galilei die Chance, eine mächtige Lobby hinter sich zu wissen. Wenngleich er im einfachen Volk Bewunderung und Respekt genießt, wäre es für eine Absicherung seiner Forschungsarbeit zentral gewesen, die Wissenschaft in den Dienst der Menschen zu stellen.

4.4.3 Galileo Galilei

Widersprüchlichkeit Galileis

Lebensziele des Gelehrten

Auch die Hauptfigur ist nicht ausschließlich als individueller Charakter, sondern als Repräsentant eines speziellen Berufsstandes gestaltet: Er verkörpert den Typus des (Natur-)Wissenschaftlers, wobei zahlreiche Detailaspekte seiner Figur von Brecht bewusst widersprüchlich angelegt sind. Dies zeigt sich bereits bei der Frage, wonach er im Leben strebt: „[…] ich brauche Muße. Ich brauche Beweise. Und ich will die Fleischtöpfe." (37) Entsprechend ist er hin- und hergerissen zwischen den verschiedenen Ansprüchen und Erwartungen an ihn als Wissenschaftler, Lehrer, Katholik, Vater und Angeklagter. Darüber hinaus durchläuft Galilei eine Entwicklung, die mit der veränderten Haltung der Mächtigen zu seinen Erfindungen zusammenhängt. Beabsichtigt von Brecht ist die Demonstration, wie ein begnadeter Gelehrter im zentralen Bereich seines Lebens versagt.

Galilei als widersprüchliche Figur		
Wahrheits- und Wissensstreben	⟷	Genusssucht und Sinnlichkeit
Wahrheitsliebe	⟷	Verschlagenheit
Selbstlosigkeit	⟷	Rücksichtslosigkeit
Standhaftigkeit	⟷	Kollaboration
Stolz	⟷	Unterwürfigkeit
wissenschaftliche Genialität	⟷	politische Naivität
Rationalität	⟷	Emotionalität

Die Gründe für Galileis widersprüchliches Verhalten und Handeln sind vielfältig gestaltet: Die wissenschaftliche Neugierde bestimmt sein Leben, wobei er keine Grenzen kennt, wenn es um sein zentrales Anliegen, alles wissen zu wollen, geht. Daher formuliert er selbstreflexiv und -kritisch:

Galilei ist getrieben von Wissensdurst und Erkenntniszwang.

„Ich denke manchmal: ich ließe mich zehn Klafter unter der Erde in einen Kerker einsperren, zu dem kein Licht mehr dringt, wenn ich dafür erführe, was das ist:

Licht. Und das Schlimmste: was ich weiß, muß ich weitersagen." (79)

Die autoritätsgestützte Wissenschaft hat keinen Bestand für einen Forscher, der auf Beobachtung und Experiment setzt (Bild 9). Umso schlimmer müssen für Galilei die Jahre der wissenschaftlichen Abstinenz und der Selbstzensur nach der Ermahnung durch das Heilige Offizium gewesen sein. Im Bild 9 zeichnet sich ab, wie weit er geht, um seine Untersuchungen zu betreiben: So wiegt das zukünftige Eheglück seiner Tochter wenig im Vergleich zu der Lust, die neues Wissen ihm bereitet. Über die wahre Natur der Sonnenflecken hält er fest: „Ich muß es wissen." (93) Dies hängt damit zusammen, dass sich sein Forscherdrang aus einer ausgeprägten Genussfähigkeit ergibt. Immer wieder stehen wissenschaftliches Denken, Forschen und Lehren in Verbindung mit Lust und tief empfundenem Vergnügen (Bild 1). Deshalb ist Galilei ein guter Lehrer für seine Schüler. Auch in Florenz hat er sehr großen Erfolg mit vollen Hörsälen (Bild 9). Selbst als das Augenlicht schwindet, verbringt er noch Stunden mit der Sternenbeobachtung (Bild 9 und 14). An die Stelle der lateinischen Gelehrtensprache setzt Galilei daher sukzessive die Volkssprache, damit alle von seinen Erkenntnissen erfahren und eventuell von ihnen profitieren können (Bild 11 und 12).

Brecht charakterisiert Galilei als Figur, deren Handeln auf Genussfähigkeit als Ursache des Forschens ausgerichtet ist. Dialektisch stellt er die (sinnlichen) Genüsse und die (physischen) Qualen gegenüber.

Schon in der Eingangsszene des Dramas hat der Wissenschaftler die kommende Zeit euphorisch begrüßt: „[…] was nie bezweifelt wurde, das wird jetzt bezweifelt." (9) Grundlage seines Handelns stellt der Glaube an die Vernunft dar, dabei vergisst er seine katholische Erziehung keineswegs und kann mit Theologen trefflich über Bibelzitate diskutieren (Bild 7).

Sinnlichkeit als Antriebsquelle und Schwäche Galileis

Galileis charakterliches Defizit liegt sicherlich darin, dass eben eine gewisse „Sinnlichkeit" die Schwachstelle ist, welche andere gegen ihn verwenden können. Andererseits korrespondiert mit seinem Wissensdrang die genussvolle Seite. Galilei ist kein Kostverächter, wie Barberini richtig bemerkt: „Er kennt mehr Genüsse als irgendein Mann, den ich getroffen habe. Er denkt aus Sinnlichkeit." (108) Diese Sinnlichkeit verwundert kaum bei einem Wissenschaftler, für den die sinnliche Wahrnehmung im Zentrum seiner Methode steht. Dass er als Genussmensch mit bescheidenem Einkommen in Padua ausharren muss, erzürnt den sonst rational wirkenden Gelehrten und Weinkenner. Es gilt neben aller wissenschaftlichen Akribie die materielle Erkenntnis: „Bei gutem Essen fällt mir am meisten ein." (31) Die Widersprüche zwischen den großen wissenschaftlichen Visionen und der realen Existenz als schlecht bezahlter Professor in Padua lassen Galilei kurzfristig betrügerisch und langfristig leichtsinnig werden: Er konstruiert ein in Holland erfundenes Fernrohr nach und gibt es als eigene Erfindung aus (Bild 2). Politisch naiv erscheint seine – fast schon flehende, auf alle Fälle aber schmeichelnde – Bewerbung am florentinischen Hof, obwohl dort der Einfluss der römischen Kurie viel stärker ist als in Padua. Sagredos Fremdcharakterisierung trifft ein Wesensmerkmal von Galilei: „So mißtrauisch in deiner Wissenschaft, bist du leichtgläubig wie ein Kind in allem, was dir ihr Betreiben zu erleichtern scheint." (39)

Brecht gestaltet seine Hauptfigur aus der Perspektive des 20. Jahrhunderts. Besonders für die dritte Fassung hat er die charakterlichen Schwächen Galileis noch verschärft.

Brecht verknüpft das biblische Motto aus dem Buch Hiob mit dem Motiv des Sehens, um Galileis Charakter zu bestimmen: „Von wem sagt man, daß er sehenden Auges geht? Von dem, der ins Verderben geht." (38)

Denn Galilei hat zwar eindeutig die gesellschaftlichen Auswirkungen des neuen Weltbildes erkannt, aber unterschätzt, wie sehr sie mit ihrem Entdecker verbunden werden: „Dieser Galilei hat schon als junger Mann über die Maschinen geschrieben. Mit den Maschinen wollen sie Wunder tun" (106), konstatiert der Inquisitor und benennt damit einen permanenten Schaffensdrang. Einerseits ist Galilei in den letzten Jahren seiner Freiheit bereits ein Getriebener seines Erfolges, wie Andrea beobachten kann:

Resistenz: Widerstandsfähigkeit

Kollaboration: Zusammenarbeit

Das Mittel der Verfremdung zeigt sich auch im Umgang mit der historischen Vorlage: Der Galilei des Dramas wird von Brecht sehr ausführlich aus gesellschaftlicher Perspektive analysiert.

Bereits das Vorwort der amerikanischen Fassung (1945/1947) deutet auf die gesellschaftliche Dimension des Dramas hin.

„Ganz Europa fragt nach Ihrer Meinung. Ihr Ansehen ist so gewachsen, daß Sie nicht schweigen können." (84). Andererseits ist er als sinnlicher Mensch durchaus nicht resistent gegen Drohungen von außen, wie sie beispielsweise durch die Angst vor der Folter und dem damit verbundenen körperlichen Schmerz ausgelöst werden können (Bild 13).

So erklärt sich abschließend der Verstoß Galileis gegen die eigenen ethischen Regeln (Bild 14): Als Kollaborateur mit den Mächtigen ist die Chance, zu einem Widerstandskämpfer für die Freiheit der Wissenschaften zu werden, endgültig verloren gegangen. Galilei ist zu einem weitgehend dienstbereiten Gefolgsmann der Kirche geworden, der eine kritische Beleuchtung der gesellschaftlichen Verhältnisse aus Eigeninteresse und Feigheit ausblendet.

Bei seiner Konzeption der Galilei-Figur standen für Brecht nicht die zahlreichen Charakterzüge der geschichtlichen Vorlage im Zentrum. Stattdessen fokussierte er die gesellschaftliche Wirksamkeit. Wegen seines Fehlverhaltens, das größere gesellschaftliche als wissenschaftliche Auswirkungen hat, „entwickelt" sich Galilei vom Helden und Vorbild zum Verräter am wissenschaftlichen Ethos. Insofern findet sich hierin ein zentrales Verfremdungsmittel wieder, indem das Handeln einer Figur im 17. Jahrhundert für die Zeit des Autors und die Gegenwart des 20. Jahrhunderts relevant ist. Im Vorwort zur amerikanischen Fassung hat Brecht dies den Zuschauern schonungslos offengelegt:

„Wir hoffen, Sie leihen Ihr geneigtes Ohr
Wenn nicht uns, so doch unserm Thema, bevor
Infolge der nicht gelernten Lektion
Auftritt die Atombombe in Person."[3]

Die Zentralfigur verkörpert das exemplarische Versagen eines Wissenschaftlers gegenüber den Autoritäten.

Zugleich hat Brecht unter dem Eindruck der Atombombenabwürfe von 1945 das Nachgeben seines „Helden“ als folgenschweres Versagen, als Sündenfall der modernen Wissenschaft allgemein stilisiert.

4.4.4 Die Mitarbeiter-Figuren: Sagredo, Andrea Sarti, Federzoni und der kleine Mönch

Im ersten Bild von Leben des Galilei lernt der Zuschauer zwei wichtige Figuren kennen, die für die Entwicklung der Hauptfigur zentrale Bedeutung haben: der Freund Sagredo und der Knabe Andrea. Während Sagredo mit kritischer Distanz und wachsender Furcht Galileis neues Weltbild und die astronomischen Beobachtungen begleitet, nimmt Andrea mit kindlichem Leichtsinn und jugendlicher Unbekümmertheit die Ideen seines Vorbildes zur Kenntnis und richtet nach ihnen sein Leben aus.

Sagredo als Mahner und Warner Galileis beruht auf einer historisch realen Person, die Galilei in Padua als Schüler und Freund begleitet hat.

Der Wissenschaftler Sagredo erscheint lediglich in den ersten drei Szenen des Dramas. Er begleitet seinen Freund seit langer Zeit (Bild 3), schätzt ihn sehr, verfolgt aber kritisch seine astronomischen Untersuchungen und Pläne, nach Florenz zu wechseln. Er ist der Erste, der von Galileis neuen Entdeckungen dank des Fernrohrs erfährt: „Ich sage dir, die Astronomie ist seit tausend Jahren stehengeblieben […]“ (25) und der Erste, der die Ergebnisse gemeinsam mit ihm prüft. Diese vertrauensvolle Beziehung der beiden überdauert auch die Kontroverse, ob die neuen Erkenntnisse „furchtbar“ (28) oder zukunftsweisend sind. Sagredo zeigt sich als Realist und weiß um die Gefahren, denen Galilei zusteuert: „Meinst du, der Papst hört deine Wahrheit, wenn du sagst, er irrt […]. Glaubst du, er wird einfach in sein Tagebuch einschreiben: 10. Januar 1610 – Himmel abgeschafft?“ (38)

Der historische Galilei entdeckte am 7.01.1610 drei Monde des Jupiters, was der bisherigen Astronomie widersprach.

In der ersten Fassung ist Andrea 13 Jahre alt. Für die dritte Fassung macht ihn Brecht jünger: Andrea ist zu Handlungsbeginn 11 Jahre alt und hat große Bedeutung für Galileis Arbeit.

Im Gespräch mit Galileis Wächter liefert Virginia eine Beschreibung von Andrea Sartis Rolle: „Er ist harmlos. Er war sein Schüler. So ist er jetzt sein Feind." (118) Während der ersten Bilder erscheint Andrea als kluger und wissbegieriger Junge, der über eine schnelle Auffassungsgabe verfügt und von Galilei kostenlosen Unterricht erhält. Obwohl er ohne Vater aufwächst und aus einfachsten Verhältnissen stammt, entwickelt Andrea sich zum engagierten Wissenschaftler. Die Treue zu Galilei zeigt sich sowohl in seinem Streit mit dem Großherzog (Bild 4) als auch nach dem Ausbruch der Pest in Florenz (Bild 5). Mit zunehmendem Alter steigert sich sein Interesse für die Physik, sodass er sogar heimlich die Theorien über die Sonnenflecken studiert und eigene Methoden zur Sonnenbeobachtung entwickelt (Bild 9).

Andreas Erwartungen an einen heldenhaften Galilei werden enttäuscht. ➤ Vgl. dazu ausführlicher Kap. 5.3

Aus Bewunderung zu seinem akademischen Vorbild übersteigert Andrea jedoch seine Erwartungen, vor allem hinsichtlich des Inquisitionsprozesses. Er erwartet heldenhaften Widerstand von Galilei: „Er widersteht." (112) Umso grenzenloser ist die Enttäuschung, als der Widerruf verkündet wird. Andrea hält Galilei Genusssucht und Feigheit vor: „Hast du deine geliebte Haut gerettet?" (113) Nach langen Jahren der Distanz besucht er bei seiner Abreise Galilei in seinem Haus in Arcetri und ist schnell bereit, seinem Mentor zu vergeben, als dieser über die heimliche Fertigstellung der DISCORSI berichtet. Er kehrt – aus Galileis Perspektive – allzu schnell zur Verehrung seines Lehrers zurück und trägt das Wissen über die Grenze. Das Bild 15 zeigt ihn als Lehrer, der mit seinem Wissen junge Menschen klüger macht.

Federzoni ist als Handwerker Repräsentant des Volkes.

Als Linsenschleifer gehört Federzoni zu den wichtigsten Unterstützern Galileis: Der Handwerker ist besessen von der Aussicht auf innovative Erkenntnisse und fordert neue Bücher für die junge Generation (Bild 4). Er bringt Galilei auf die Idee, in Italienisch zu publizieren, damit das einfache Volk von seinen Erkenntnissen profitieren kann (Bild 9). Da Federzoni kein Latein spricht, versteht er die herrschende Wissenschaftssprache nicht und muss immer wieder den Gebrauch der Volkssprache einfordern. Seine Gesellschaftskritik äußert er ganz offen, beispielsweise gegenüber Ludovico (Bild 9).

Galileis Widerruf führt zu einem Bruch im bisherigen Treueverhältnis. Einerseits kritisiert Federzoni erstmals dessen Verhalten: „Er hat dich nie für deine Arbeit richtig bezahlt. Du hast weder eine Hose kaufen noch selber publizieren können.“ (113) Entsprechend kehrt er zu seiner alltäglichen Handwerkstätigkeit zurück, jedoch ist er um viele Illusionen ärmer: „Als ob es am Morgen wieder Nacht würde, wäre es gewesen.“ (112)

Der kleine Mönch als Repräsentant des inneren Zwiespalts zwischen alter und neuer Ordnung

Schließlich gehört Fulganzio, der kleine Mönch, zu den ambivalenten Figuren des Stücks. Er begleitet Galilei seit der Untersuchungskommission des Clavius bis zum Widerruf (Bild 6, 8, 9 und 13). In seiner Rolle überschneiden sich die Spannungskräfte der Frühen Neuzeit: Er verkörpert den Versuch, Glaube, Vernunft und Wissenschaft zu vereinen. Als Bauernsohn, Mönch und Physiker durchlebt er den inneren Widerspruch zwischen Treue zur kirchlichen Verkündigung und Interesse an den neuen Entdeckungen. Nach einem langen Gespräch mit Galilei setzt sich die wissenschaftliche Neugierde gegen das Vertrauen in die Macht des Glaubens durch (Bild 8). Fulganzio erkennt ferner, dass die Kirche mitverantwortlich ist für die gesellschaftliche Ungleichheit, indem sie die bestehende Herrschaftsordnung biblisch legitimiert.

Als Wissenschaftler ist der kleine Mönch nicht von grenzenlosem Erkenntnisinteresse getrieben. Fulganzio erwartet jedoch, dass Galilei standhaft bleibt und der Inquisition widersteht (Bild 13), wenngleich er als Erster unter den

Mitarbeitern Zweifel äußert: „Ich sagte es nicht, aber ich war voll Sorge." (112) Nach dem Widerruf findet er zurück „in den Schoß der Kirche" (120).

4.4.5 Die Frauenfiguren: Frau Sarti und Virginia

Frau Sartis Rolle ist ambivalent: Als strenggläubige Katholikin folgt sie Galileis Plänen skeptisch, aber bedingungslos.

Als Haushälterin eines beschäftigten Gelehrten übernimmt Frau Sarti die Rolle der Organisatorin. Sie ist für die alltäglichen Abläufe in Galileis Tagesroutine zuständig. Dabei verkörpert sie den „gesunden Menschenverstand" des einfachen Volkes, indem sie regelmäßig auf die Finanzen und den hohen Schuldenstand Galileis hinweist (Bild 1). Entsprechend distanziert steht sie den astronomischen Beobachtungen gegenüber und hält als gläubige Katholikin Abstand (Bild 3, 4 und 9). Ferner warnt sie vor den Folgen des neuen Weltbildes, das sie durchaus als ketzerisch erkennt. Mit Sorge hat sie deshalb Andreas Eifer beobachtet, Galileis Weg zu folgen: „Ich habe meinen Sohn in Sünde fallen sehen für diese ‚Experimente' und ‚Theorien' und ‚Observationen', und ich habe nichts machen können." (90)

Trotzdem hält Frau Sarti zu Galilei und weicht auch nach Ausbruch der Pest nicht von seiner Seite (Bild 5), wodurch sie schwer erkrankt.

Galileis Tochter Virginia ist nur ansatzweise nach der historischen Vorlage gezeichnet. Galileis Lieblingstochter (1600–1634) war bereits vor Galilei nach Florenz gezogen, sie trat freiwillig in ein Franziskanerinnenkloster bei Florenz ein.

Die gläubige Person nimmt gegenüber Virginia die Funktion einer Ersatzmutter wahr und verteidigt sie gegenüber einem bisweilen gleichgültigen Vater, der Virginias Heiratspläne durch die Wiederaufnahme der Forschungen durchkreuzt (Bild 9): „Wenn ich meine ewige Seele einbüße, weil ich zu einem Ketzer halte, das ist meine Sache, aber du hast kein Recht, auf dem Glück deiner Tochter herumzutrampeln mit deinen großen Füßen!" (90)

Gleichfalls besorgt verfolgt Virginia die Arbeit ihres Vaters. Bereits im Bild 2 wird sie in Begleitung von Ludovico gezeigt. Das Bild 3 zeigt sie als tiefgläubiges Mädchen, die gemeinsam mit Frau Sarti in den Frühgottesdienst geht. Ihr

Vater verheimlicht ihr bereits an dieser Stelle die Tragweite seiner Entdeckungen und lässt sie nicht teilhaben am „neuen" Sehen. Trotzdem ist Virginia ihm sehr zugetan und gehorsam (Bild 5); sie nimmt bewundernd zur Kenntnis, wie seine Bekanntheit in der Bevölkerung wächst (Bild 6). Ihre Beziehung zu Ludovico scheint aufrichtig und führt zu einer ehrenvollen Verlobung (ebd.). Im Gespräch mit dem Inquisitor enthüllt Virginia die völlige Verständnislosigkeit für die Arbeit ihres Vaters (ebd.). Umso mehr hält sie an den Riten und Gebräuchen der „alten" Ordnung fest, z. B. auch im Bereich der Astrologie (Bild 9). Aus den Vorbereitungen zur Hochzeit wird sie durch ihren Vater herausgerissen. Dieser treibt sie in die Ohnmacht, nachdem er Ludovico mit der Wiederaufnahme seiner Forschungen schockiert hat (Bild 9). Allmählich wird Virginia offensichtlich bewusst, wie problematisch die Arbeit ihres Vaters aus der Perspektive der Kirche ist. Sie begleitet ihn in den Palast der Medici und fragt besorgt zu seinem neuen Werk: „Ist es möglich, daß man es für ketzerisch hält?" (99) Ihre Furcht erweist sich als begründet, sie kann nur für das Seelenheil des Vaters beten, während er in den Händen der Inquisition ist (Bild 13).

Brecht zeigt am Beispiel Virginias die Widersprüchlichkeit der „alten" Ordnung: Sie erkennt selbst nicht, dass ein viel größerer gesellschaftlicher Wandlungsprozess durch Galilei eingeleitet wurde, der von Andrea fortgeführt wird.

Gänzlich neu austariert wirkt die Vater-Tochter-Beziehung im Bild 14. Virginia hat die Rolle von Frau Sarti übernommen und arbeitet als Haushälterin. Darüber hinaus versucht sie ihn durch eine enge Kooperation mit den kirchlichen Aufsehern vor weiteren Verfolgungen und Fehltritten zu schützen. Nicht grundlos kommentiert sie Galileis Selbstanklage mit der Feststellung: „Du bist aufgenommen in den Reihen der Gläubigen." (126) Entsprechend abweisend reagiert sie auf Andreas Besuch, der für sie eine Erinnerung an eine verlorene Sache ist, welche die bestehende Ordnung gefährdet hat.

Episches Theater:
➤ siehe Kap. 4.5

Das epische Theater gestaltet die Figuren stärker als repräsentative Typen, die bestimmte gesellschaftliche Schichten repräsentieren:

- Galilei steht in der Mitte eines sozialen und politischen Kräftefeldes aus Vertretern der „alten" und der „neuen" Zeit.
- Die Figuren lassen sich um ihn herum nach Kriterien wie Nähe – Distanz, Anhänger – Gegner sowie dem sozialen Status gruppieren.
- Viele Figuren spiegeln die innere Zerrissenheit wider, die durch die Entdeckungen Galileis hervorgerufen wurde.

4.5 Leben des Galilei: episch-dialektisches Theater?

Mit Verfremden meint Brecht, einem Vorgang oder Charakter das Selbstverständliche, Bekannte, Einleuchtende zu nehmen.

Bekannt wurde Bertolt Brecht als maßgeblicher Begründer des episch-dialektischen Theaters. Dieses Konzept besagt, dass das Theater den Zuschauern die eigene Wirklichkeit verdeutlichen und Missstände bewusst machen muss. Wenn die Menschen verstehen, dass ihre Realität veränderbar ist, können sie gesellschaftliche Probleme zum Besseren bewegen. Dazu muss das Theater Bekanntes in ungewohnter, „verfremdeter" Form darstellen. Ziel ist eine distanziert-kritische Wahrnehmung durch die Zuschauer, um die „Einfühlung" in das auf der Bühne Dargestellte zu verhindern. Durch „Verfremdung" soll die gegenteilige Zuschauerreaktion – die Reflexion – erreicht werden.

Kennzeichen des epischen Theaters im Überblick

Die Leitlinien des episch-dialektischen Theaters, das Brecht in Abgrenzung zum klassischen, oftmals auch als „aristotelisch" bezeichneten Drama konzipiert hat, können hier nur in Ansätzen erläutert werden. Das epische Theater soll erstens an die alltägliche Lebenspraxis der Menschen anknüpfen, um sie durch ausgewählte Beispiele in vergleichender Form zu einer kritischen Beurteilung eines Vorfalls oder einer gesellschaftlichen Struktur zu führen. Das

Theater hat dabei eine besondere Demonstrationsfunktion, um Einsichten in soziale Vorgänge zu gewähren.

Ferner ist zweitens das moderne Theater Teil des „wissenschaftlichen Zeitalters". Durch die enormen wissenschaftlichen und technischen Errungenschaften haben sich die Mittel zur Ausbeutung und Zerstörung der Natur, aber auch der breiten Masse des Volkes, erheblich vervielfältigt.

Mit dem Begriff „wissenschaftliches Zeitalter" beschreibt Brecht die Gesellschaft des 20. Jahrhunderts mit ihren vielfältigen Ungleichheiten und Brüchen.

Drittens ist es daher die Aufgabe des Theaters, Modelle von Wirklichkeit darzustellen, die das Publikum mit der Behandlung relevanter Fragen konfrontieren. Ziel ist aber keine langatmige Unterweisung, sondern eine genussvolle Belehrung.

Viertens richtet sich das epische Theater vorrangig darauf, das Publikum aktiv und produktiv am Erkenntnisprozess zu beteiligen. Aufgabe ist das Wachrütteln der Menschen. Dies geschieht vorrangig durch das Werkzeug der Verfremdung: Mittels V-Effekten (Verfremdungseffekten) werden das Vertraute und Altbekannte mit neuen Fragen und Problemstellungen konfrontiert.

Fünftens ist das Theater der Ort der Historisierung. Das heißt, aktuelle Probleme und Zeitdiagnosen können durch vermeintliche geschichtliche Sachverhalte verfremdet dargeboten werden, damit sie der Kritik der Zuschauer besser zugänglich sind.

Historisierung: Geschichtswerdung

Allerdings erstaunt es, dass Brecht über die erste Fassung des Schauspiels am 25. Februar 1939 notiert hat: „LEBEN DES GALILEI ist technisch ein großer rückschritt […] man müßte das stück vollständig neu schreiben […]. alles mehr direkt, ohne die interieurs, die ‚atmosphäre', die einfühlung." (Hecht 2001, 35)

Obwohl LEBEN DES GALILEI zum erfolgreichsten Bühnenwerk Brechts wurde, hat er selbst intensiv Kritik am eigenen Stück geübt.

Wenn Brecht sein eigenes Drama LEBEN DES GALILEI technisch als „Rückschritt" bezeichnet, dann kritisiert er damit mehrere Aspekte:

- Im Zentrum des Dramas steht mit Galileo Galilei eine Figur, die zur Identifikation und Bewunderung einlädt: Die Zuschauer können mit dem historisch „Großen" in seiner Entdeckerfreude und dem Kampf gegen die Inquisition mitfiebern und -leiden. Eigentlich sollten sie aber seine Fehlentscheidungen und Charakterschwächen rational studieren.
- Brecht ist weitgehend an die historischen Fakten gebunden. Er kann nur bedingt Verfremdungseffekte einsetzen, wie z. B. die Selbstkritik Galileis, der seinen „Beruf verraten" (126) hat, obwohl er die DISCORSI fertigstellen konnte.
- Die große Gefahr ist, dass Galilei im Moment der Selbsterkenntnis (Bild 14) zum tragischen Helden wird. Sein Schicksal kann – statt Reflexion – Sympathie erregen. Dies ist aber Ziel des klassischen Dramas, das Brecht überwinden wollte.
- Die Hauptfigur macht eine Entwicklung durch, die mit veränderten Verhaltensweisen einhergeht.
- Der Zuschauer nimmt einen Handlungsverlauf wahr. Das dramatische Geschehen besteht nicht aus einer locker aneinandergefügten Szenenreihe, sondern folgt einer Spannungskurve. Dies entspräche dem Aufbau des klassischen Dramas, das auf den Schluss hin angelegt ist:

Handlungsphase	Bilder	Inhalt
Exposition	1–3	Hauptfigur, Fernrohr, Entdeckungen
Konfliktsteigerung	4–5	Disput mit den Gelehrten, Forschungen trotz Pest
Höhepunkt und Peripetie	6–8	Anerkennung durch Collegium Romanum, Verbot durch Inquisition

Handlungsphase	Bilder	Inhalt
fallende Handlung, retardierendes Moment	9–12	erneute Forschungen, Verbreitung im Volk, Galileis Verhaftung
Katastrophe	13–15	Widerruf, Gefangenschaft, Andrea im Ausland

Dialektisches Modell: Gegensätze als Ordnungsprinzip von LEBEN DES GALILEI

Jedoch ist dies nur der lineare Aufbau. Die Struktur der Handlung ist hingegen dialektisch angelegt. Daher kann man das Stück auch nach dem Prinzip von Parallele und Kontrast beschreiben:

Aufstieg des Wissenschaftlers/seiner wissenschaftlichen Lehre		Verfolgung und Scheitern des Wissenschaftlers Galilei
Bild 1: Begeisterung Galileis für „neue Zeit" im Gespräch mit Andrea (1609, morgens)	⇔	**Bild 14:** Selbstanklage Galileis im Gespräch mit Andrea (1633, abends)
Bild 2: Begeisterung Galileis für das Fernrohr als Erkenntnis- und Profitmittel	⇔	**Bild 4:** Ablehnung des Fernrohrs als Erkenntnismittel durch die Gelehrten in Florenz
Bild 3: Glaube an die Vernunft der Menschen und an die Macht der Wissenschaft	⇔	**Bild 13:** Widerruf des heliozentrischen Weltbildes unter Zwang der Inquisition
Bild 6: Bestätigung der Entdeckungen Galileis (Collegium Romanum)	⇔	**Bild 7:** Ermahnung durch die Kirche (Heiliges Offizium)
Bild 10: revolutionärer Held für das Volk	⇔	**Bild 11:** Auslieferung an die Kirche durch den Adel
Fortschritt: „neue" Zeit/„neues Sehen"	⇔	**Rückschritt:** „alte" Zeit/„Glotzen"

Thematisch folgen die Bilder dem Prinzip der Antithese von „neuer" Zeit bzw. „neuem Sehen" und „alter" Zeit bzw. „Glotzen". Das Bild 15 fungiert dabei als „offener" Schluss. Durch die Rettung der DISCORSI, die an die Zuschauer gerichteten Eingangsverse (128), den fragenden Giuseppe und den klug agierenden Andrea gibt es Hoffnung auf andere Zeiten. Allerdings ist diese Entwicklung nicht zwingend festgelegt, sie hängt von dem weiteren Verhalten der Menschen ab.

Gemäß Brechts Theaterkonzeption finden sich im Stück episch-dialektische Elemente, die den Zuschauer zum Reflektieren anhalten und eine kritische Distanz zum Geschehen hervorrufen sollen.

Epigramm: Sinn- und Spottgedicht

Kommentierungen spiegeln Meinungen und Deutungen wider, die der Autor – aus aktueller oder wertender Perspektive – vornimmt.

Weitere episch-dialektische Elemente sind vor allem:

- An vielen Stellen sind die Bilder mit Jahreszahlen und genauen Datierungen versehen. Die Überschriften der Bilder werden auf Leinwand projiziert bzw. vorgetragen: Indem sie über die nachfolgende Handlung informieren und das inhaltliche Verständnis vorwegnehmen, verhindern sie die Tendenz zur „Einfühlung" in die Figuren.
- Vor 12 der 15 Szenen finden sich epigrammatische Verse, zum Teil sind sie gereimt. In der Regel haben diese lyrischen Elemente belehrende oder appellierende Funktion. Beispielsweise werden zu Beginn von Bild 15 die Zuschauer direkt angesprochen:

„Liebe Leut, gedenkt des End's,
Das Wissen flüchtet über die Grenz. […]
Hütet nun ihr der Wissenschaften Licht
Nutzt es und mißbraucht es nicht […]" (128)

An anderen Stellen, z. B. in Bild 1, nehmen diese Verse den Inhalt vorweg.

- In mehreren Bildern finden sich Kommentierungen, die in die szenische Darstellung eingebunden sind und die Zuschauer zum Nachdenken anregen sollen. Im

Bild 8 äußert Galilei beispielsweise über das Verhalten des kleinen Mönchs: „Ein Apfel vom Baum der Erkenntnis! Er stopft ihn schon hinein. Er ist ewig verdammt, aber er muß ihn hineinstopfen, ein unglücklicher Fresser!" (79) Im Bild 14 findet sich in Galileis umfangreicher Selbstanklage (124–126) ein Kommentar, der aus der Perspektive einer nachfolgenden geschichtlichen Epoche den Standpunkt des Autors Brecht darstellt:

„Die Kluft zwischen euch und ihr [der Menschheit] *kann eines Tages so groß werden, daß euer Jubelschrei über irgendeine neue Errungenschaft von einem universalen Entsetzensschrei beantwortet werden könnte."* (125 f.)

- In den Handlungsverlauf des Dramas werden in Form von „Zitaten" andere Textsorten eingebaut: Brief Galileis an den Großherzog von Florenz (Bild 3), Text des Widerrufs von Galilei (Bild 13), Auszug aus den Discorsi (Bild 13), lyrische Zitate innerhalb der Bilder (z. B. Bild 7: der Beginn des Gedichts von Lorenzo di Medici; Bild 8: Auszug aus der 8. Satire des Horaz').
- Eine inhaltliche und formale Sonderrolle nimmt das Bild 10 als Ganzes ein. Der Bänkelgesang, der in Form einer Moritat für das „Volk" vorgetragen wurde, wirkt auf den ersten Blick irritierend. Inhaltlich verweisen die Bänkelsänger auf die gesellschaftlichen Veränderungen, die durch das neue Weltbild Galileis ausgelöst werden könnten: „Ihr guten Leute, werft einen Blick in die Zukunft, wie der gelehrte Doktor Galileo Galilei sie voraussagt" (96).
- Das Bühnenbild soll die Zuschauer mit „Projektionen von Landkarten, Dokumenten und Kunstwerken der

Während im klassischen Theater das Bühnenbild vor allem dekorative Funktionen wahrnimmt, erfüllt es in Brechts Konzeption belehrende Aufgaben. Es geht nicht – wie im klassischen Drama – um die Erzeugung einer Raumillusion.

Renaissance“ (Hecht 1988, 86) zum Studium der Figur und ihrer Lebensumstände anregen.

Zusammenfassend kann die Struktur des Stücks als dramatisch-epische Mischform beschrieben werden:

- Es gibt Elemente des konventionellen (aristotelischen) Theaters. Dies ist vor allem beim Handlungsverlauf und der Konzeption der Hauptfigur als sich wandelnder Charakter festzustellen.
- Elemente des epischen Theaters finden sich besonders in der dialektisch angelegten Struktur der Handlung und den kommentierend-belehrenden Elementen.

4.6 Sprache und Stil

Absichtliche Verstöße gegen sprachliche Regeln als Stilmittel

Ein wichtiges Mittel der Verfremdung ist eine reflektierte sprachlich-stilistische Gestaltung. Jede einzelne Figur kann durch wohlkalkulierte Brüche und provozierende Verstöße gegen sprachliche Regeln eine wichtige Rolle für die Bewusstwerdung der Zuschauer haben. Sprache und Stil sind somit elementarer Teil des episch-dialektischen Theaterkonzeptes mit bestimmten Funktionen.

Häufig und strukturbildend ist die Verfremdung tradierter Sprüche und klassischer (Bibel-)Zitate: In Bild 7 „duellieren“ sich Galilei und die beiden Kardinäle mit Bibelzitaten.

Stichomythie: antithetische Wechselreden, bei der sich These und Antithese ablösen.

Des Weiteren finden sich Stichomythien, wie beispielsweise in Bild 11:

„Vanni: Sie scheinen Ihre Freunde nicht von Ihren Feinden auseinanderzukennen, Herr Galilei.

Galilei: Ich kenne Macht von Ohnmacht auseinander.“ (101)

Darüber hinaus bildet die Sprache oftmals den gesellschaftlichen Stand ab: Frau Sartis Sprache ist durch einen einfachen Satzbau mit vielen Alltagsbildern gekennzeichnet: „Ich kann auch nichts wissen, ich bin eine ungebildete Person." (82) Hingegen ist die Sprache der Gelehrten durch den Gebrauch des Lateinischen geprägt. Sie verwenden komplexe Satzmuster, wie im Bild 4 deutlich wird:

> *„Und, ganz absehend von der Möglichkeit solcher Sterne, die der* […] *Mathematiker zu bezweifeln scheint, möchte ich in aller Bescheidenheit als Philosoph die Frage aufwerfen: sind solche Sterne nötig? Aristotelis divini universum …?"* (45)

Große Bandbreite der Sprache Galileis zwischen Gelehrten- und Volkssprache

Eine Zwischenstellung nimmt Galileis Sprache ein. Er verfügt über eine große Variation zwischen allen möglichen Idiomen, die kontextgebunden eingesetzt werden. Im Umgang mit den Gelehrten und als Lehrer pflegt er zumeist einen sachlichen und präzisen Stil. Im Gespräch mit seinen Mitarbeitern und dem einfachen Volk kann er aber auf eine bildhafte Sprache zurückgreifen. Charakteristisch für ihn ist das Konzept, seine Bücher in der Sprache des Volkes, dem Italienischen, zu publizieren.

Am Beispiel von LEBEN DES GALILEI kann man hinsichtlich der Sprachgestaltung nachvollziehen,

- dass sprachliche Mittel zur Charakterisierung bzw. Typisierung der Figuren beitragen, beispielsweise der klassischen Gelehrten und des einfachen Volkes.
- dass Sprache die dialektische Entwicklung der Handlung und des Konfliktes zwischen „neuer" und „alter" Zeit stützt.

4.7 Hintergründe

4.7.1 Politischer Hintergrund der Dramenhandlung

Brecht hat mit LEBEN DES GALILEI kein Geschichtsdrama verfasst. Er wollte auch nicht zeigen, wie man im 17. Jahrhundert gelebt hat. Dennoch hat er gezielt reale historische Fakten genutzt. Damit zeigt er, dass der Gang der Geschichte nicht zu ändern ist, jedoch lässt sich aus ihr Verschiedenes erkennen und lernen.

Frühe Neuzeit bezeichnet die Epoche zwischen dem 14. und dem 18. Jahrhundert. Als Epochengrenze gilt häufig die Französische Revolution.

Italien als Nationalstaat existiert in der Frühen Neuzeit nicht. Vielmehr besteht das Gebiet um 1600 aus zahlreichen kleineren Staatsgebieten. Im Text werden viele Städte und Länder genannt. Sie prägen die politisch-gesellschaftlichen Koordinaten von Galileis Leben.

Die Republik Venedig existierte vom 7. Jahrhundert bis 1797.

Republik Venedig: Bis ins 18. Jahrhundert hinein war Venedig ein selbstständiger und machtvoller Staat in Oberitalien. Auch die Stadt Padua gehörte dazu. Wichtig war der Fernhandel auf dem Seeweg, der Venedig reich und mächtig gemacht hatte. Die Oberschicht bestand aus mehreren politisch führenden Familien, die große Vermögen besaßen. An der Spitze der Republik stand kein König, sondern ein gewählter Doge.

Venedig repräsentiert in LEBEN DES GALILEI den Ort wissenschaftlicher Freiheit, zugleich aber materieller Dominanz.

Bereits im Bild 1 stellt Brecht wichtige Aspekte des Lebens in Venedig dar:

- Die Freiheit der Forschung ist geschützt. Wirtschaftliche Macht hängt mit Bildung und Wissen zusammen: „freier Handel, freie Forschung“ (18). Wissenschaftliche Erfindungen dienen dazu, „der Republik Venedig außergewöhnliche Vorteile zu schaffen“ (23).
- Freiheit der Forschung bedeutet auch weitgehende Gedankenfreiheit und Schutz vor der Inquisition, die „nichts zu sagen hat“ (17).
- Venedig ist eine Seemacht. Es will auch technisch den

Gegnern voraus sein. Durch das Fernrohr kann man „die Schiffe des Feinds […] volle zwei Stunden früher erkennen“ (24).

- Es gilt das ökonomische Prinzip: „Skudi wert ist nur, was Skudi bringt.“ (18)

Großherzogtum Florenz: In der Stadt Florenz befand sich der Sitz der Großherzöge der Toskana. Der Staat war aufgrund seiner geografischen Lage ein Spielball der großen Mächte. Die Herrscher, die aus dem Adelshaus der Medici kamen, waren durch geschickte Handels- und Finanzpolitik mächtig geworden. Sie strebten nach einem starken Verbündeten und standen daher unter dem Einfluss Roms bzw. der Inquisition.

Florenz ist die Heimat des geschichtlichen Galilei.

Brecht betont vor allem den letzten Aspekt. So verkündet ein offizieller Vertreter des Großherzogtums bei der Verhaftung Galileis, dass „der Florentinische Hof nicht länger imstande ist, dem Wunsch der Heiligen Inquisition […] Widerstand entgegenzusetzen“ (103 f.).

Kirchenstaat und Kurie: Zwischen dem 4. und dem 19. Jahrhundert bestand in Mittelitalien der Kirchenstaat. Weltliches und geistiges Oberhaupt war der Papst. Gerade um 1600 war das Staatsgebiet sehr viel größer als der heutige Vatikanstaat im Zentrum Roms. Zugleich befand sich dort der Sitz des Heiligen Offiziums. Diese Behörde war für die Durchführung der Inquisition zuständig. Ihre Aufgabe bestand darin, für die Reinheit der katholischen Glaubens- und Sittenlehre zu sorgen. Dies beschreibt auch Brecht, wenn er beispielsweise das Dekret von 1616 zitiert, wonach „die Lehre des Kopernikus […] töricht, absurd und ketzerisch im Glauben ist“ (69).

Im Mittelalter war die Kirche nicht nur eine religiöse, sondern in Italien als Kirchenstaat auch eine politische Macht.

4.7.2 Stoff: Historischer Galileo Galilei als Vorlage

LEBEN DES GALILEI nutzt geschichtliche Fakten, ist aber keine Geschichtsillustration.

Brecht hat sich bei der Darstellung der Lebensgeschichte Galileis weitgehend an den historischen Fakten orientiert. Jedoch ist LEBEN DES GALILEI kein Historiengemälde und keine Biografie. Vielmehr ging es Brecht darum, am Exempel der wissenschaftlichen Leistungen Galileis als Astronom und Physiker sowie des Galilei-Prozesses die Möglichkeit zu eröffnen, Lehren für die Gegenwart zu ziehen.

Der italienische Naturforscher Galileo Galilei wurde 1564 in Pisa geboren und verstarb 1642 in Arcetri bei Florenz. Nach der Kindheit und Jugend in Florenz ging er als Student nach Pisa. In dieser Zeit beobachtete er die Gesetzmäßigkeiten der Pendelschwingungen. Er untersuchte 1589 in Pisa die Fallgesetze. Seit 1592 arbeitete er als Mathematikprofessor in Padua. 1593 erfand er dort eine Anlage zum Wasserheben, 1597 den Proportionalzirkel. Zwischen 1600 und 1606 wurden Galileis Kinder Virginia, Livia und Vincenzio geboren. Alle drei entstammen der Beziehung mit Marina Gamba.

Galileo Galilei (1564–1642)
Gemälde von Justus Sustermans (Uffizien, Florenz)

In Padua konstruierte Galilei 1609 ein Fernrohr und entdeckte dadurch Mondberge, Jupitermonde und Sonnenflecken sowie die Phasengestalten der Venus. Durch seine Aufzeichnungen begründete er die moderne, auf Erfahrung und Experiment beruhende Physik.

1610 wurde Galilei nach Florenz berufen. Dort wirkte er als Hoflehrer des Erbprinzen der Toskana. Seit 1612 geriet er wegen seiner Veröffentlichungen und seines Bekenntnisses zum heliozentrischen Weltsystem von Nikolaus Kopernikus in Konflikt mit der katholischen Kirche. 1616 wurde Galilei zum Schweigen verurteilt. Nachdem er seine Forschungen weiterverfolgt und sein erstes Hauptwerk DIALOG ÜBER DIE BEIDEN GROSSEN WELTSYSTEME mit dem Versuch eines Beweises von Kopernikus' Modell abgeschlossen hatte, wurde er wegen Ungehorsams und Ketzerei angeklagt. 1633 schwor er in Rom vor dem Inquisitionsgericht ab. Er blieb bis zu seinem Tod Gefangener der Inquisition. In den DISCORSI fasste Galilei die Hauptelemente seiner Lehre zur Mechanik und Dynamik zusammen. So legte er einen weiteren Grundstein für die moderne Physik.

Galilei als Verteidiger der Wissenschaftsfreiheit, der sich für die Lehre des Kopernikus einsetzt.

Legendär ist Galileis Ausruf nach dem Verfahren: „Und sie (= die Erde) bewegt sich doch!"

Im Jahr 1992 wurde Galilei von Papst Johannes Paul II. erstmals öffentlich rehabilitiert.

Historische Vorlage und Figur weisen erkennbare Parallelen auf:

- Die historischen Daten des Stücks sind weitgehend korrekt. Die Wendepunkte im Leben des historischen Galilei finden sich auch bei der Dramenfigur wieder.
- Kleinere Detailanpassungen sind aus dramaturgischer Sicht notwendig, vor allem Umdatierungen, Verdichtungen und Umstellungen in der Chronologie.

4.7.3 Geozentrisches und heliozentrisches Weltbild

In seinen Vorlesungen zur Einführung in die Psychologie hat sich der Wiener Psychologe Sigmund Freud über die Auswirkungen der modernen Naturwissenschaft auf das Bild der Menschen von sich selbst und ihrer Stellung im Kosmos geäußert. Drei „Kränkungen" des menschlichen Selbstbildes gilt es nach Meinung Freuds festzuhalten. Sie haben zu einer Identitätskrise des Menschen in der Moderne geführt. Dazu rechnet er:

Sigmund Freud (1856–1939) hat sich mit der Struktur des menschlichen Geistes, der Psyche, beschäftigt und ein eigenes Verfahren zur Untersuchung entwickelt: die Psychoanalyse.

- die Feststellung der modernen Wissenschaft seit Kopernikus und Galilei, dass die Erde nicht mehr im Zentrum des Universums zu finden sei, sondern einen winzigen Teil in der Unendlichkeit ausmache;
- die Forschungsergebnisse Charles Darwins, der die biblische Schöpfungslehre widerlegt und die Abstammung des Menschen vom Tierreich nachweist;
- die Psychologie und die Psychoanalyse, die menschliches Verhalten und Handeln entrationalisieren und von der geistigen Verfasstheit sowie von animalischen Trieben ableiten.

Geozentrisches (ptolemäisches) Weltbild: nach dem griechischen Wort „gä" für „Erde"

In der Handlungszeit des Dramas LEBEN DES GALILEI, dem 17. Jahrhundert, erfolgte die „erste Kränkung". Bis zu diesem Zeitpunkt galten die über Jahrhunderte maßgeblichen Lehren des griechischen Philosophen Aristoteles (384–322 v. Chr.) und des Astronomen Ptolemäus (ca. 90–160 n. Chr.). Dieses geozentrische Modell beruhte auf folgenden Annahmen: Die Erde ist das ruhende Zentrum des Kosmos und steht bewegungslos still. Um sie herum sind die Kugelschalen des irdischen Materials angesiedelt:

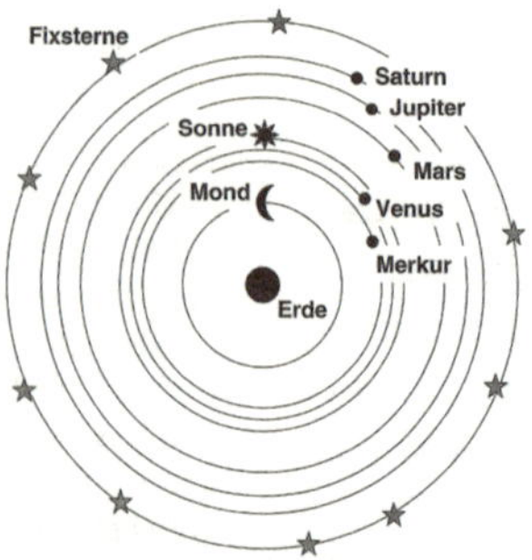

Das geozentrische Weltbild ohne Darstellung der Sphären

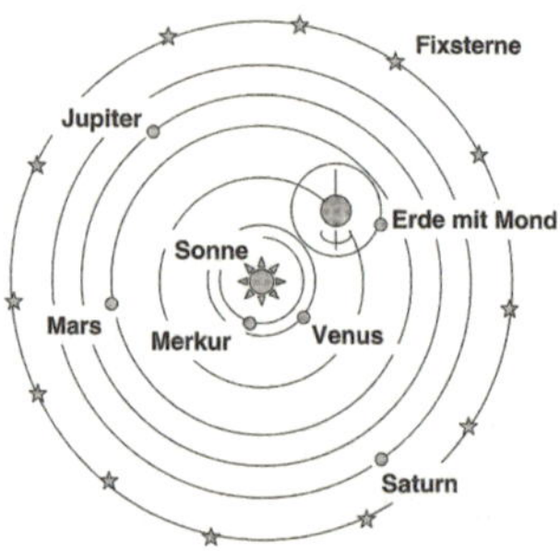

Das heliozentrische Weltbild mit der Sonne als Mittelpunkt

Wasser, Feuer und Luft. Oberhalb davon umkreisen der Mond, die Planeten und die Sonne konzentrisch das Zentrum, die Erde. Sie (Merkur, Venus, Sonne, Mars, Jupiter, Saturn und die Fixsterne) sind auf festen Bahnen angeordnet und an acht kristallinen Sphären befestigt.

Damit konnte Aristoteles die Beobachtung erklären, dass manche Planeten gelegentlich rückläufige Bewegungen auf ihrer Bahn durchlaufen.

Die Kirche griff, besonders im Mittelalter, dieses Modell auf und brachte es in Einklang mit biblischen Aussagen. In LEBEN DES GALILEI formuliert im Bild 6 „ein sehr dünner Mönch" plakativ, welche Bedeutung das geozentrische Weltbild für die Theologen hatte: „Was steht hier in der Schrift? ‚Sonne, stehe still zu Gibeon und Mond im Tale Ajalon!' Wie kann die Sonne stillstehen, wenn sie sich überhaupt nicht dreht, wie diese Ketzer behaupten? Lügt die Schrift?" (60)

Dogmatisierung: eine Glaubensaussage zu einer Tatsache machen

Mit der Dogmatisierung im Laufe der Jahrhunderte ging einher, dass man Kritiker dieses Modells als Gegner des Glaubens verfolgte. Dies ist beispielsweise im Drama mehrfach am Schicksal von Giordano Bruno angesprochen, der 1600 öffentlich verbrannt wurde.

Heliozentrisches (kopernikanisches) Weltbild: nach dem grieschischen Wort „helios" für „Sonne"

Deutsch: „Über die Umdrehungen der Himmelskörper"

Seit der Antike gab es jedoch auch Gegenmodelle, die im 15. und 16. Jahrhundert, also im Zeitalter der Renaissance, wiederentdeckt und neu formuliert wurden. Als einer der Ersten widersprach der Kirchenbeamte und Astronom Nikolaus Kopernikus (1473–1543) der herrschenden Meinung. In seinem Hauptwerk DE REVOLUTIONIBUS ORBIUM COELESTIUM, das kurz vor seinem Tod 1542 erschien, stellte er mit mathematischen Verfahren dar, dass die Sonne und keinesfalls die Erde im Zentrum stehe. Ferner bewege sich die Erde mit den anderen Planeten auf perfekten Kreisbahnen um das Zentrum.

Es war die Leistung von Tycho Brahe (1546–1601) und

Johannes Kepler (1571–1630), auch das Sphärenmodell des Aristoteles grundsätzlich in Zweifel zu ziehen. Anhand der Beobachtung von Kometen kamen beide für die Gesetzmäßigkeiten der Planetenbewegungen zu Modellen, die von elliptischen Bahnen ohne Rückläufigkeiten ausgehen.

Weltbilder beeinflussen Gesellschaftsbilder

Trotz dieser zahlreichen astronomischen Details sollte man nicht übersehen, dass die jeweiligen Gesellschafts- und Menschenbilder mitgedacht werden müssen. Wenn eine Gesellschaft davon ausgeht, im Zentrum und unter dem besonderen Schutz Gottes zu stehen, bewirkt dies langfristig kaum Dynamik. Der literarische Galilei betont daher: „Die Bewegungen der Himmelskörper sind übersichtlicher geworden; immer noch unberechenbar sind den Völkern die Bewegungen ihrer Herrscher.“ (125)

Naturwissenschaftliche Weltbilder haben gesellschaftliche Auswirkungen:

- Die Frage der Weltbilder nimmt seit Jahrhunderten eine große Rolle in Philosophie, Theologie und den Naturwissenschaften ein.
- Brecht verknüpft allerdings die Naturforschung mit der Verantwortung für die Gesellschaft.
- In Leben des Galilei geht es nicht um die Frage, welches Modell sich historisch durchsetzen konnte. Im Zentrum steht die Frage, was die Wissenschaft zur Verbesserung des Gesellschaftszustandes beitragen kann.

5 Analyse zentraler Szenen

5.1 Bild 8: Der kleine Mönch und Galilei im Gespräch (74–79)

Kurze Zeit nach der Verkündigung des kirchlichen Edikts gegen die kopernikanische Lehre (Bild 7) findet das Gespräch zwischen Galilei und dem kleinen Mönch Fulganzio im Garten des florentinischen Gesandten in Rom statt.

Bild 8 ist als Reflexionsdialog gestaltet, das heißt als Handlungsdeutung durch Gegenüberstellung der verschiedenen Weltbilder und ihrer gesellschaftlichen Bedeutung.

Zur Vorgeschichte: Bereits im Bild 6 ist der kleine Mönch aufgetreten und hat Galilei „verstohlen" (63) zur Bestätigung der Beobachtungen durch Pater Clavius gratuliert. Als Mitglied der Untersuchungskommission formuliert er es kategorisch: „Sie haben gesiegt." (ebd.)

Dramentheoretisch ist das Bild 8 eine Schlüsselstelle, die von Brecht so auch mehrfach kommentiert wurde:

> *„Erfährt Galilei in der siebenten Szene das Nein der Kirche, so in der achten ein Nein der Bevölkerung. Es kommt aus dem Mund des Mönches, der selbst Physiker ist. Galilei, erst erschreckt, erkennt die Zusammenhänge: daß nicht der Bauer von der Kirche, sondern die Kirche vom Bauern verteidigt wird, wenn es gegen die Wissenschaft geht."*[4]

Brecht gilt als Meister des Lehrstücks, mit dem er vor allem in den 1930er-Jahren die Zuschauer über die gesellschaftliche Situation informieren und zu kritischem Verhalten erziehen wollte. Der Gesprächsanlass ist hier die Sinnsuche und Krise des kleinen Mönchs.

Der kleine Mönch ist der Initiator des Dialogs. Als Angehöriger der Kirche mit wissenschaftlicher Ausbildung hat er einen inneren Konflikt zu bewältigen. Er scheint zu Beginn der Szene kein ernst zu nehmender Gesprächspartner für den gerade ermahnten Forscher Galilei zu sein. Ausschließlich seine Kleidung gebe ihm „das Recht zu sagen, was immer Sie wollen", meint Galilei bissig (74). Dies ändert sich sehr schnell, da Fulganzio durch seine Argumentation zu einem wichtigen Informanten über die Haltung des einfachen Volkes wird.

Der Gesprächsverlauf lässt sich in drei Einheiten gliedern.

Im ersten Teil des Gesprächs (74 f.) – der Einführung – gibt der kleine Mönch einige Informationen über sich bekannt, während Galilei vorrangig zuhört und kurze Zwischenbemerkungen äußert:

- Der Mönch ist studierter Mathematiker.
- Er hat die Beobachtungen von Pater Clavius begleitet („die Trabanten des Jupiter, die ich gesehen habe", 74) und die Richtigkeit von Galileis Entdeckungen erkannt.
- Nach anfänglicher Irritation („[…] seit drei Nächten kann ich keinen Schlaf mehr finden.", 74) meint er eine rationale Begründung für das kirchliche Verbot der kopernikanischen Lehre gefunden zu haben.
- Da die neue Wissenschaft und „allzu hemmungsloses Forschen" (74) Gefahren für die Menschheit mit sich bringen, wolle er die Astronomie aufgeben.

Im zweiten Teil des Gesprächs (75–78) – der Schilderung des „alten" Lebens und Galileis Erwiderung darauf – nennt der Mönch in einem langen Monolog die Argumente für seine Entscheidung, die Wissenschaft aufzugeben:

- Er stammt von einfachen Menschen, „Bauern in der Campagna" (75), ab. Diese leben in armen, aber bescheidenen Verhältnissen seit ewigen Zeiten.
- Die Heilige Schrift ist die Kraftquelle der Bauern, die ihnen „Stetigkeit und Notwendigkeit" (75) der harten Arbeit vermittelt.
- Hunger und Elend erhalten für die Bauern einen Sinn, weil „das Auge der Gottheit" (75 f.) auf ihnen ruht.
- Die kirchliche Lehre erfüllt somit die Funktion, den Menschen Hoffnung zu geben. Diese würde entfallen, wenn die Menschen „auf einem winzigen Gestirn […], um das sich nichts dreht" (76), leben müssten.

Die Erwiderung Galileis zielt auf eine Veränderung der Gesellschaft durch wissenschaftliche Forschungen, um das alltägliche Leben der Menschen zu erleichtern. Dazu verweist er auf die bestehenden Machtverhältnisse. Diese seien für die Armut der Bauern verantwortlich. Die kirchliche Lehre und Orientierung der Menschen stellten die Ursachen des Übels dar: „Warum stellt er [der Papst] die Erde in den Mittelpunkt des Universums? Damit der Stuhl Petri im Mittelpunkt der Erde stehen kann!“ (76 f.) Ferner werde die bestehende Gesellschaftsordnung mit dem Leiden vieler gesichert. Folglich sei sie wertlos. Nur eine Ordnung, die den Bedürfnissen der Menschen entspreche, könne gerecht genannt werden. Aber um etwas zu ändern, müssten Bauern „in Bewegung kommen und denken lernen“ (79).

Stuhl Petri: Bezeichnung für das Amt des Papstes

Der kleine Mönch verwendet sehr häufig rhetorische Fragen, um seine Zweifel zu artikulieren. Ferner nutzt er eine euphemistische Wortwahl, besonders hinsichtlich der Folgen des kirchlichen Dekrets. Auffallend sind zudem die oftmaligen Wiederholungen und Worthäufungen, des Weiteren der Gebrauch von Negationen („Es liegt also kein Auge auf uns […]“, 76), um seine Besorgnis gegenüber dem neuen Weltbild Galileis zu artikulieren.

Gestützt wird dieser kontrastreiche Gesprächsverlauf durch das sprachliche Repertoire der Figuren.

Galilei benutzt hingegen eine metaphorische Sprache, die auch biblische Elemente mit einfließen lässt: „Ein Apfel vom Baum der Erkenntnis!“ (79) Vernetzt werden die beiden Dialogteile durch Galileis Aufgreifen eines Schlüsselwortes des kleinen Mönchs: „Seelengüte!“ (76) Er gebraucht wiederholt Antithesen, um seine Kritik an den bestehenden Herrschafts- und Gesellschaftsverhältnissen zu verdeutlichen: „Ihre Campagnabauern bezahlen die Kriege, die der Stellvertreter des milden Jesus in Spanien und Deutschland führt.“ (76)

Antithese: Gegensatz

Im dritten Teil des Gesprächs (79) – dem Schluss des Bildes – zeigt sich, dass Galilei überzeugen konnte und nicht nur rhetorisch der überlegene Gelehrte gewesen ist. Der letzte Satz verweist auf die Rolle des Wissenschaftlers, der das neue Weltmodell erklären muss.

Die Regieanweisungen deuten auf Handlungen wie die Übergabe und die Lektüre der Manuskripte hin.

Die spärlichen Regieanweisungen des Bildes machen deutlich, dass der Mönch emotional tief bewegt ist („in großer Bewegung", 77). Auf diese Weise wird die innere Zerrissenheit und Unsicherheit des Mönchs sehr deutlich:

> „GALILEI *wirft ihm einen Packen Manuskripte hin:* [...] *Der kleine Mönch hat sich in die Papiere vertieft.*" (79)

Galileis Selbstgespräch beginnt mit einer Anspielung auf den biblischen Mythos vom Sündenfall: „Ein Apfel vom Baum der Erkenntnis!" (79)

Während dieser Lektüre führt Galilei ein kommentierend-verfremdetes Selbstgespräch. Der Zuschauer kann nachvollziehen, dass der Gelehrte einem zwanghaften Erkenntnisdrang erliegt. Die Forschung ist sein Leben, zugleich verkörpert sie aber eine zwanghafte Handlung. Dies ist die Tragik des modernen Forschertypus, der keine Erkenntnisse für sich behalten kann: „Und das Schlimmste: was ich weiß, muß ich weitersagen." (79) Dieser Erkenntniszwang „führt ins Unglück" (ebd.).

Zusammengefasst zeigt das Bild 8 als Reflexionsdialog:

- das statische Welt- und Gesellschaftsbild des kleinen Mönchs: Er argumentiert aus der Perspektive einer ewigen göttlichen Ordnung.
- einen symmetrischen Gesprächsaufbau: Der kleine Mönch dominiert den ersten Teil des Gesprächs, Galilei den zweiten.
- längere monologartige Passagen, welche die verschiedenen gesellschaftlichen Positionen der Gesprächspartner gegenüberstellen.
- die inneren Widersprüche des kleinen Mönchs, der im Schlussteil der Verführung des „neuen" Weltbildes erliegt.
- das Wesensmerkmal des epischen Theaters: Distanz schaffen, um durch eine verfremdete Perspektive den Zuschauern die Deutung des Geschehens auf rationaler Ebene zu ermöglichen.

5.2 Bild 12: Gespräch zwischen Papst und Inquisitor (105–108)

In LEBEN DES GALILEI findet sich keine direkte Konfrontation der Hauptfigur mit seinem Hauptankläger, dem Großinquisitor. Stattdessen zeigt das Bild 12, dass Papst Urban VIII. stellvertretend für Galilei mit seinem heftigsten Gegner diskutiert. Die Darstellung der Kirchenvertreter in LEBEN DES GALILEI ist für Brecht jedoch keine grundsätzliche Gottes- oder Religionskritik. Vielmehr geht es ihm darum zu zeigen, dass die Kirche Teil des bestehenden gesellschaftlichen Machtsystems ist:

Der dramatische Antagonismus erfolgt in dieser Szene als Auseinandersetzung zwischen dem Papst und seinem obersten Glaubenswächter.

> „*In dem vorliegenden Stück fungiert die Kirche, auch wo sie der freien Forschung entgegentritt, einfach als Obrigkeit.*
> *Da die Wissenschaft ein Zweig der Theologie war, ist sie geistliche Obrigkeit, letzte wissenschaftliche Instanz. Aber sie ist auch weltliche Obrigkeit, letzte politische Instanz. Das Stück zeigt den vorläufigen Sieg der Obrigkeit, nicht den der Geistlichkeit. Es entspricht der historischen Wahrheit, wenn der Galilei des Stückes sich niemals direkt gegen die Kirche wendet.* […]
> *Aber die beiläufige Art, in der diese hohen Beamten* [Kardinäle und der Papst] *den Forscher behandeln, soll hier nur zeigen, daß sie auf Grund ihrer bisherigen Erfahrungen mit einer schnellen Willfährigkeit auch Galileis rechnen zu können glauben. Sie täuschen sich nicht.*“[5]

Wenngleich der Papst das Oberhaupt der Kirche ist, haben die Kardinäle wichtige Mitverantwortung bei der Gesamtleitung der Kirche.

Im Bild 12 findet also eine Kontroverse innerhalb der Leitungsebene der Kirche statt. Dabei ergibt sich folgender Diskussionsverlauf mit einer ungewöhnlichen Rollenverteilung:

- 105: Heftige Kontroverse um den richtigen Umgang mit dem neuen Weltbild;
- 105–107: Vortrag des Großinquisitors über die Situation der Kirche und die Wahrnehmung des Papstes in der Öffentlichkeit sowie über das Verhalten von Galilei bei Passivität des Papstes;
- 107–108: Austausch von Argumenten zwischen Papst und Inquisitor;
- 108: Schlussteil mit der Entscheidung für ein Inquisitionsverfahren.

Man kann die Szene allerdings mit Berücksichtigung des Szenentitels (105) auch aus der Perspektive des Papstes strukturieren. Dann ergibt sich folgender Dreischritt:

Erste Phase des Dialogs	**Zweite Phase des Dialogs**	**Dritte Phase des Dialogs**
Papst-Äußerung: „Nein! Nein! Nein!" (105)	Anweisung des Papstes: „Hand weg von ihm!" (107)	Befehl des Papstes: „Das Alleräußerste ist, daß man ihm die Instrumente zeigt." (108)
Papst als Verfechter der Wissenschaftsfreiheit	Papst als Verteidiger von Galileis persönlicher Freiheit	Papst als Billiger der Verhöre Galileis

Verteidiger Galileis → Verteidiger der Kirche

Der Papst wird angekleidet. → „Der Papst ist jetzt in vollem Ornat."

Konstruktion: Das Bild 12 ist als geschlossener Dialog ohne Unterbrechungen oder weitere Gesprächspartner konzipiert. Der Zuschauer erlebt einen heftigen Meinungsaustausch, der bereits auf dem Höhepunkt angekommen ist. Der Fokus liegt ausschließlich auf der Diskussion zwischen Papst Urban VIII. und dem Kardinal Inquisitor über den weiteren Umgang mit Galilei.

Der Gesprächsverlauf wird dabei durch eine unauffällige Handlungsabfolge gegliedert: Der Papst kleidet sich allmählich mit seinem vollständigen Ornat, seiner Amtstracht, an. Entsprechend nimmt der Spielraum des Papstes für ein Eintreten zugunsten Galileis nach und nach ab.

Symbolisch steht das Ankleiden für die sukzessive Übernahme der Rolle des Kirchenoberhauptes.

Ornat: Amtstracht, -kleidung

Raum und Atmosphäre: Während der Audienz haben sich vor den Privaträumen des Papstes zahlreiche Geistliche, Universitätstheologen und Repräsentanten katholischer Ordensgemeinschaften versammelt. Der Inquisitor bezeichnet sie als den besten „Teil“ (108), der für ein Festhalten am geozentrischen Weltbild und ein hartes Vorgehen gegenüber Galilei ist. Die Wartenden gehen auf und ab, die dadurch entstehenden Geräusche setzen den nervös wirkenden Papst unter Druck. Das „Geschlurfe“ (107) vor seiner Tür wird für ihn immer mehr zu einer Störung, bis er es schließlich als ein unerträgliches „Getrampel“ (108) empfindet. Auch dies verdeutlicht symbolisch den wachsenden Druck, den der Papst mit dem Anlegen der Amtstracht immer stärker wahrnimmt.

Audienz: feierlicher Empfang beim Papst mit strengem Zeremoniell und festem Ablauf

Antithetische Positionen: Zunächst kann Urban VIII. der „neuen“ Zeit viele positive Aspekte abgewinnen. Er unterstützt, wie bereits zuvor als Kardinal, den wissenschaftlichen Fortschritt: „Ich lasse nicht die Rechentafel zerbrechen.“ (105) Ferner tritt er für die Autonomie der Wissenschaft ein und verteidigt die wissenschaftliche

Die Argumentation des Papstes versucht, Galilei und seine Publikation des Dialogo vor den verbalen Angriffen des Inquisitors in Schutz zu nehmen.

Methode, das zu akzeptieren, was erwiesen ist. Entsprechend hat er Galilei gestattet, ein weiteres Buch zu verfassen unter der Auflage, darin die Kirche nicht öffentlich anzugreifen. Folglich steht Galilei unter seiner Obhut (89 f., 104). Die Argumentation des Papstes zum Umgang mit Galileis Entdeckungen folgt einer sachlich-nüchternen Logik: „Man kann nicht die Lehre verdammen und die Sternkarten nehmen." (107)

Ferner gilt der Blick des Papstes dem öffentlichen (und internationalen) Ansehen der katholischen Kirche. Sie werde schnell in ein schlechtes Licht, in die „Senkgrube verfaulter Vorurteile" (107), gerückt, wenn man den größten „Physiker dieser Zeit" (ebd.) verdammen würde.

Die Dialogstruktur legt eigentlich nahe, dass die Gegenargumente des Inquisitors auf die Position des Papstes eingehen.

Die Gegenargumentation des Großinquisitors setzt auf einer anderen Ebene an. Er arbeitet vor allem mit Mitteln der Unterstellung bzw. Erpressung: Ein Papst, der Galilei verteidige, verrate die Heilige Schrift, denn beides – die Wahrheit der Wissenschaft und die Wahrheit der Schrift – seien unvereinbare Gegensätze. Ferner betont er anschaulich und mit zahlreichen Beispielen die Gefahren, die durch das neue Denken und den technischen Fortschritt ausgelöst würden. Außerdem verweist er auf die allgemeine Kritik an der Amtsführung des Papstes. In schwierigen Zeiten sei sie von Misswirtschaft und bisweilen von Fehlgriffen gekennzeichnet.

„Zum Beispiel soll es nicht mehr Oben und Unten geben." (107)

Der Inquisitor greift aber auch die Integrität Galileis unmittelbar an, um den Papst in seiner wohlwollenden Haltung zu verunsichern. Mit der Unterstellung, dass Galilei die soziale Revolution befürworte und eine klassenlose Gesellschaft herbeirede, ja sogar das Volk aufwiegele, zeigt er einen bedenklichen Umgang mit der Wahrheit. Dies wird gesteigert durch zahlreiche negative Attribute, mit denen er Galilei charakterisiert: Dieser sei ein Bibel- und Sozialkritiker, trete wie ein Wahnsinniger auf. Es handle sich bei dem Florentiner um einen schlechten Menschen, er sei wie ein Wurm. Die Behauptung, Galilei habe sich nicht an die Absprachen gehalten und in seinem Buch die Kirche kritisiert, führt schließlich zum gewünschten Ergebnis.

Das Einlenken des Papstes ist sicherlich der „Sündenfall“ der Kirche. Wider besseres Wissen nimmt sich die Institution die Chance, das als richtig erkannte Modell Galileis zu prüfen und in einen gleichberechtigten Dialog mit der Wissenschaft zu treten.

Jenseits der Dramenhandlung wird erst Papst Johannes Paul II. Ende des 20. Jahrhunderts den Irrtum der Kirche im Umgang mit Galilei und seiner Lehre berichtigen.

Papst Johannes Paul II. (1920–2005) beauftragte 1979 die Päpstliche Akademie der Wissenschaften mit der Neubearbeitung des Falls von Galilei. 1992 wurde der Gelehrte formal rehabilitiert.

Zusammenfassung der Analyse:

- Das Bild 12 zeigt einen Reflexionsdialog zwischen Papst und Inquisitor.
- Zugleich gestaltet es einen Verwandlungsprozess, der mit dem Anlegen der Papstgewänder symbolisiert wird: Aus Kardinal Barberini wird Papst Urban VIII.
- Brecht veranschaulicht, dass auch die Mächtigen Zwängen und Rollenerwartungen unterliegen. Trotz der persönlichen Sympathien Urbans VIII. für Galilei und für die Wissenschaft muss er beide aus politischen Gründen opfern.

5.3 Bild 14: Die gesellschaftliche Verantwortung des Wissenschaftlers (115–127)

Das Bild 14 enthält eine der bekanntesten Selbstanklagen der Weltliteratur. Galilei ist seit mehreren Jahren ein Gefangener der Inquisition und lebt in Arcetri bei Florenz unter strenger Aufsicht. Seine Post wird regelmäßig kontrolliert, ebenso alle Publikationen, die er verfasst. Seine Tochter hat die Rolle der Haushälterin übernommen und kooperiert eng mit den kirchlichen Stellen. Überraschenderweise kommt Andrea Sarti auf der Durchreise nach Holland in Arcetri vorbei. Er gibt an, mit seinem Besuch den Auftrag eines gemeinsamen Bekannten zu erfüllen.

Holland ist auch das Ursprungsland des Fernrohrs. Politisch war es seit 1581 nicht mehr unter dem Einfluss Spaniens bzw. der katholischen Kirche.

Die Struktur des Bildes ist fünfteilig:	
115–116:	Gespräch zwischen Galilei, Virginia und einem Mönch über das Geschenk eines Bauern (zwei Gänse)
116–118:	Galilei diktiert Virginia einen Brief an Kardinal Spoletti über die Verurteilung von Unruhen in Venedig und die Befürwortung der lateinischen Sprache im Gottesdienst.
118–120:	Besuch von Andrea Sarti, Gespräch mit Galilei im Beisein von Virginia
120–126:	Gespräch unter vier Augen zwischen Andrea und Galilei (Übergabe der DISCORSI, Selbstanklage Galileis)
126–127:	Verabschiedung Andreas

Im Zentrum der Betrachtung dieses Bildes steht der ausführliche Dialog zwischen Andrea und seinem einstigen Vorbild Galilei (118–127). In der ersten Phase des Gesprächs, das in Anwesenheit von Virginia stattfindet, wirkt Andrea distanziert und ablehnend. Er spricht aus der Rolle des Anklägers, der Galilei den Widerruf nicht vergeben hat: „Auch wir hörten, daß die Kirche mit Ihnen zufrieden ist. Ihre völlige Unterwerfung hat gewirkt.“ (119) Detailliert berichtet Andrea über die Auswirkungen des Widerrufs, der gerade im Ausland wahrgenommen wurde. Galilei reagiert kaum auf die Vorhaltungen.

Der Inquisitionsprozess gegen Galilei hielt Gelehrte wie den Philosophen Descartes davon ab, eigene Texte zu publizieren.

Nachdem Virginia unter einem Vorwand von ihrem Vater weggeschickt wurde, informiert dieser den überraschten Andrea, dass die DISCORSI als Abschrift versteckt vorliegen.

Selbst nach seinem Widerruf treibt Galilei der wissenschaftliche Erkenntnisdrang. Dies führt zu einem Stimmungswechsel: Andrea nimmt begeistert das Manuskript und erklärt sich bereit, es ins Ausland zu bringen – ohne Angabe der Herkunftsquelle. Außerdem attestiert er seinem Lehrer großes taktisches Geschick: „Sie gewannen die Muße, ein wissenschaftliches Werk zu schreiben, daß nur Sie schreiben konnten." (123) Ferner kann Sarti nun die Handlungsweise Galileis moralisch legitimieren. Er unterstellt, dass im Zentrum von Galileis Agieren das ungebrochene Interesse an der wissenschaftlichen Arbeit gestanden hat und äußert Verständnis: „Todesfurcht ist menschlich!" (124)

In den Discorsi wird die kopernikanische Lehre nicht behandelt. Daher hatte Galilei die Genehmigung, das Manuskript unter Aufsicht zu vollenden. Nicht erlaubt war ihm eine Veröffentlichung des Textes.

Galilei weist in der dritten Phase des Gesprächs diesen Rehabilitierungsversuch vehement zurück. In einem längeren Monolog legt er dezidiert dar, was er unter einer sozial verantwortlichen Wissenschaft versteht. Galileis Ethikkonzept verfolgt das Ziel, „die Mühseligkeit der menschlichen Existenz zu erleichtern" (125): Deshalb lehnt er ein Forschen um seiner selbst willen ab und plädiert für eine ausdrückliche soziale Zweckbestimmung. Ihm geht es um eine Verbindung von Rationalität und gesellschaftlicher Gesamtverantwortung.

Galilei plädiert hier für eine Wissenschaft, deren Ergebnisse den Zwecken der Menschheit dienen sollten. Dieser Wissenschaftsbegriff war dem historischen Galilei fremd und ist eine Antwort Brechts auf die Herausforderungen der Wissenschaft im 20. Jahrhundert.

Die Folgen einer Trennung dieser beiden Bereiche stellt Galilei in apokalyptischen Bildern dar: Er spricht von „einem universalen Entsetzensschrei" (126), der als Fortschrittsergebnis drohe. Insoweit nimmt Galilei einen Standpunkt ein, der auch Wissen über das 20. Jahrhundert voraussetzt. Technische Errungenschaften wie die Atombombe werden mitgedacht.

Zugleich beschuldigt Galilei sich selbst, eine historisch einmalige Chance verspielt zu haben: „In meiner Zeit erreichte die Astronomie die Marktplätze." (126) Die Gelegenheit zum gesellschaftlichen Wandel ist durch den Widerruf des Gelehrten vergeben worden.

Galilei schlägt einen „hippokratischen Eid" (126) vor, der die soziale Verantwortung der Wissenschaftler betonen sollte.

Brecht interpretierte Galileis Widerruf als folgenschweres Scheitern eines Wissenschaftlers.

In der letzten Phase des Gesprächs verweist Galilei Andrea auf das persönliche Versagen und stellt eindeutig fest: „Ich habe meinen Beruf verraten.“ (126) Relativierend verabschiedet sich Andrea mit den Worten: „Aber ich kann mir nicht denken, daß Ihre mörderische Analyse das letzte Wort sein wird.“ (127)

Bereits nach Fertigstellung der zweiten (amerikanischen) Fassung hat sich Brecht über die Figur des Galilei im Allgemeinen und das Bild 14 im Besonderen geäußert:

> *„Galileis Verbrechen kann als die ‚Erbsünde‘ der modernen Naturwissenschaften betrachtet werden. Aus der neuen Astronomie, die eine neue Klasse, das Bürgertum, zutiefst interessierte, da sie den revolutionären sozialen Strömungen der Zeit Vorschub leistete, machte er eine scharf begrenzte Spezialwissenschaft, die sich freilich gerade durch ihre ‚Reinheit‘, d. h. ihre Indifferenz zu der Produktionsweise, verhältnismäßig ungestört entwickeln konnte.*
> *Die Atombombe ist sowohl als technisches als auch soziales Phänomen das klassische Endprodukt seiner wissenschaftlichen Leistung und seines sozialen Versagens. […]*
> *Der Forschungstrieb, ein soziales Phänomen, nicht weniger lustvoll oder diktatorisch wie der Zeugungstrieb, dirigiert Galilei auf das so gefährliche Gebiet, treibt ihn in den peinvollen Konflikt mit seinen heftigen Wünschen nach anderen Vergnügungen. Er erhebt das Fernrohr zu den Gestirnen und liefert sich der Folter aus. Am Ende betreibt er seine Wissenschaft wie ein Laster, heimlich, wahrscheinlich mit Gewissensbissen.“*[6]

6 Zur Rezeption des Dramas

Unter dem Begriff Rezeption versteht man die Aufnahme eines Textes durch andere Autoren und die entsprechende Nachwirkung bei den Lesern in ganz verschiedener Art und Weise. Zur historischen Gestalt des Galileo Galilei liegen zahlreiche Darstellungen vor. Seit der zweiten Hälfte des 20. Jahrhunderts interessiert(e) man sich ganz besonders für diesen Wissenschaftlertypus. Dies ist erstens darauf zurückzuführen, dass wissenschaftliche Erkenntnisse das Leben der Menschen immer stärker beeinflussen und den Alltag grundsätzlich verändert haben (beispielsweise Atomenergie, Medizintechnologie, chemische Industrie). Zweitens nutzten (politische) Ideologien und miteinander konkurrierende Staaten vermehrt wissenschaftliche Erkenntnisse für ihre Zwecke oder versuchten, Wissenschaftler in ihrem Sinne zu instrumentalisieren. Am Beispiel des Umgangs von Kirche und Staat mit dem historischen Galilei konnten Autorinnen und Autoren Deutungen für die Gegenwart literarisch gestalten. Drittens ist Galilei ambivalent zu bewerten: Wenngleich sich in der Öffentlichkeit allmählich das neue naturwissenschaftliche Welt- und Wissenschaftsbild durchsetzen konnte, trennten sich dadurch allerdings die Wege von Wissen und Glauben. Die Wissenschaft separiert sich mit Bezug auf ihre Freiheit und Autonomie von gesellschaftlicher Verantwortung, die sozialen und religiösen Strukturen bleiben allerdings antimodern und hierarchisch. Insofern kann man dem Wissenschaftlertypus Galilei eine (Mit-)Schuld an existenzbedrohlichen wissenschaftlichen Experimenten und Katastrophen zuschreiben (gerade mit Blick auf die Erfindung und den Einsatz der Atombombe).

Der Begriff Rezeption leitet sich vom lateinischen „recipere“ ab, was „aufnehmen“ bedeutet.

In der Zeit des Kalten Krieges war LEBEN DES GALILEI besonders brisant, da auch der Gegensatz zwischen dem Kapitalismus und dem Kommunismus die Interpretation beeinflusste.

Die Trennung der Bereiche Glauben und Wissen wird auch als Säkularisierung (Verweltlichung) beschrieben.

Die meisten epischen und dramatischen Texte, die sich mit Galileo Galilei beschäftigen, sind heute nicht mehr allzu bekannt:

Epische Werke (Auswahl)	Dramatische Werke (Auswahl)
1948: Max Brod, Galilei in Gefangenschaft (Roman) 1954: Gertrud von Le Fort, Am Tor des Himmels (Novelle) 1954: Reinhold Schneider, Die Monde des Jupiters (Erzählung)	1953: László Németh, Galilei (historisches Drama, 1956 uraufgeführt) 1953: Frank Zwillinger, Galileo Galilei (Schauspiel, 1960 uraufgeführt)

Viele Autoren in der zweiten Hälfte des 20. Jahrhunderts haben sich durch das Drama zu Folge- oder Gegenstücken inspirieren lassen.

Brechts spezifische Gestaltung des Galilei-Stoffes hat viel stärker nachgewirkt. Die Thematik der dritten Fassung, die Verantwortung der modernen (Natur-)Wissenschaft gegenüber der Gesellschaft, führte zu zahlreichen Folge- und Gegenstücken:

- 1955 bzw. 1961 erschienen die sogenannten Physikerdramen Das kalte Licht von Carl Zuckmayer und Der staubige Regenbogen von Hans Henny Jahnn.
- 1962 erschien die Kriminalkomödie Die Physiker von Friedrich Dürrenmatt.
- 1964 widmete sich auch Heinar Kipphardts In der Sache J. Robert Oppenheimer in der formalen Gestaltung des Dokumentartheaters dem Problemfeld von Wissenschaft und Verantwortung.
- 1973 stellte Frank Zwillinger sein Theaterstück Kettenreaktion vor.
- 1975 wurde Ernst Schumachers Die Versuchung des Forschers oder Visionen aus der Realität uraufgeführt.

Dokumentartheater: Verwendung von dokumentarischem Material (z. B. Akten, Protokolle) zur Steigerung der Glaubwürdigkeit und Erzeugung von Gesellschaftskritik

Besonders Dürrenmatts und Kipphardts Stücke werden bis heute intensiv diskutiert. Sie gelten als wesentliche Entwürfe, die sich von LEBEN DES GALILEI an wichtigen Stellen abgrenzen. Alle anderen genannten Texte sind vor allem literaturgeschichtlich interessant.

DIE PHYSIKER (1962)

In Dürrenmatts Stück geht es um den genialen Physiker Johann Wilhelm Möbius, der im Sanatorium der Nervenärztin Mathilde von Zahnd versucht, Wahnsinn vorzutäuschen. Dadurch soll die Menschheit vor dem gefährlichen Wissen der Weltformel geschützt werden, die der Forscher entdeckt hat. Verfolgt wird er von den Geheimagenten der beiden großen Machtblöcke, die ihn aus dem Irrenhaus entführen wollen. Bevor Möbius seine geheimen Aufzeichnungen vernichten kann, gelingt es jedoch der machthungrigen Ärztin, sich die Erkenntnisse des Wissenschaftlers anzueignen. Sie hat bereits einen „mächtigen Trust", eine internationale Verbrecherorganisation, aufgebaut und den Versuch gestartet, die Weltherrschaft zu erlangen. Damit zeigt Dürrenmatt, dass individuelle Verantwortung relativ ist. Wissenschaftliche Erkenntnisse sind nicht unter Verschluss zu halten: „Was einmal gedacht wurde, kann nicht mehr zurückgenommen werden." (Dürrenmatt 1998, 85) Folglich geht die Bedrohung für die Fortexistenz der Menschheit nicht vom Verhalten eines einzelnen Wissenschaftlers aus, sondern vom Egoismus und Machtstreben der Gesellschaft. Insofern lehnt Dürrenmatt auch die Hoffnung Brechts ab, durch die Kunst (oder hier: die Literatur) an der Umgestaltung und Verbesserung der Gesellschaft mitwirken zu können.

Die Machtblöcke symbolisieren den kommunistischen Osten und den kapitalistischen Westen.

Trust steht im engeren Sinne für einen Zusammenschluss mehrerer Unternehmen, im Falle von Dürrenmatts Stücks von kriminellen Vereinigungen.

IN DER SACHE J. ROBERT OPPENHEIMER (1964)

Heinar Kipphardt behandelt die Thematik aus einer anderen Perspektive. Im Zentrum seines Theaterstücks steht der geniale Physiker Julius Robert Oppenheimer, der als „Vater der Atombombe" gilt. Er wird von der Regierung verdächtigt, die Entwicklung der Wasserstoffbombe ab-

Oppenheimer (1904–1967) war ein amerikanischer Physiker, der im Zweiten Weltkrieg das sogenannte Manhattan-Projekt leitete. In diesem Zusammenhang entwickelte er die ersten Nuklearwaffen, die 1945 gegen Japan eingesetzt wurden.

Die Weiterentwicklung der Atombombe führte während des Kalten Krieges zu einem Rüstungswettlauf, wer die stärkste Vernichtungswaffe, eine Wasserstoffbombe, entwickeln konnte.

sichtlich zu verzögern, da er vermeintlich Sympathien für den politischen Gegner, die Kommunisten, hegt. Gestützt auf authentische Materialien aus dem Untersuchungsverfahren, das der Sicherheitsausschuss der US-Atomenergiekommission 1954 durchführte, fokussiert Kipphardt das Spannungsverhältnis zwischen Forschung als Selbstzweck und Auftragsforschung für militärisch-politische Zwecke. Das Stück thematisiert folglich die Sorge des Wissenschaftlers, „ob wir den Geist der Wissenschaft nicht wirklich verraten haben, als wir unsere Forschungsarbeiten den Militärs überließen, ohne an die Folgen zu denken." (Kipphardt 1964, 146)

Das Spannungsverhältnis zwischen Loyalität zu den Auftraggebern auf der einen Seite und ethisch-moralischen Skrupeln auf der anderen ist für Oppenheimer durch den technologischen Fortschritt zu einer Überlebensfrage der Menschheit geworden. Er verurteilt sich daher selbst, nicht mehr weiter an „Kriegsprojekten" mitzuwirken. Jedoch erkennt er, dass seine Entscheidung nicht das Problem beseitigt, solange sich Physiker in den Dienst von aufrüstenden Staaten stellen. Entsprechend hält er das Dilemma fest, nachdem ihm die Untersuchungskommission das Vertrauen entzogen und ihn als Sicherheitsrisiko eingestuft hat: „An diesem Kreuzweg empfinden wir Physiker, dass wir niemals so viel Bedeutung hatten und dass wir niemals so ohnmächtig waren." (Kipphardt 1964, 147)

7 Abituraufgaben mit Lösungsvorschlägen

In diesem Kapitel werden vier verschiedene Aufgabentypen vorgestellt, die auf die Beschäftigung mit LEBEN DES GALILEI im Abitur vorbereiten und unterschiedliche Anforderungen an Sie stellen. Im Anschluss an jede Aufgabe wird jeweils ein Erwartungshorizont angeführt. Dieser ist zweigeteilt: Die Mindestanforderungen stehen für eine ausreichende Leistung und bilden die Grundlage für die Anforderungen an ein höheres Leistungsniveau, welches die obere Notenskala („gut") abdeckt. Bei den Lösungsvorschlägen handelt es sich um Hinweise und Ansätze, die sorgfältig ausformuliert und mit – selbst gewählten – Textstellen ergänzend belegt werden müssen.

Es gibt keine allgemeingültigen, sondern nur subjektive Lösungen.

7.1 Textimmanente Aufgabe: Literarische Erörterung

(Die Hauptfigur Galilei)

Aufgabenstellung

Die Literaturwissenschaftlerin Käthe Rülicke stellte zur Hauptfigur von LEBEN DES GALILEI fest, Brecht zeige am Schluss des Dramas „seinen Galileo Galilei als eitlen bösartigen alten Mann: Er hat widerrufen, er ist gefangen, er ist demoralisiert. Freilich, er liefert die ‚DISCORSI' – aber die Leistung besteht im Vorhandensein des unter Entbehrungen geschriebenen Buches, nicht in der – zufälligen – Übergabe."

(zitiert nach: Käthe Rülicke: Leben des Galilei – Bemerkungen zur Schlussszene. In: Sinn und Form 9 (1957), 269–321, hier 269)

1. Analysieren Sie die Umstände, die Galilei dazu veranlassen, seine Entdeckungen zu widerrufen.
2. Erörtern Sie, ob Rülickes These, Brecht habe den Protagonisten am Ende als „eitlen bösartigen alten Mann" gestaltet, zutrifft.

Operatoren sind Imperative, die eindeutig den Arbeitsauftrag angeben.

Operatoren
„Analysieren", „Erörtern"

Was wird erwartet?
Die Aufgabenstellung verlangt von Ihnen, in zwei Schritten vorzugehen. Im ersten Schritt müssen Sie Textkenntnisse nachweisen, indem Sie die Handlungselemente bis zum Widerruf herausarbeiten und mit Blick auf die Entstehung der DISCORSI strukturieren. Im zweiten Aufgabenteil setzen Sie sich mit den genannten Attributen kritisch und reflektierend auseinander. Am Ende Ihrer Erörterung sollte Ihre persönliche Meinung zum Verhalten Galileis deutlich werden.

Mindestanforderungen

Aufgabe 1:

In der Einleitung ordnen Sie den Widerruf in den Handlungsverlauf ein und zeigen, dass er im Schlussteil des Dramas steht (Bild 13).

Durch Berücksichtigung mehrerer Bilder gelangen Sie zu einer erkennbar gegliederten und differenzierten Betrachtung von Galileis Widerruf.

Sie verweisen darauf, dass Galilei keine Unterstützung in Florenz gefunden hat (Bild 11) und somit schutzlos ist. Sie gehen darauf ein, dass Galilei ein Gefangener der Inquisition ist (Bild 13) und ihm die Folterinstrumente gezeigt wurden. Sie charakterisieren Galilei als Mensch der Wissenschaft und Genüsse, der Angst vor Schmerzen durch die Folter hat (Bild 12).

Aufgabe 2:
In der Erörterung zeigen Sie, dass Sie über Textkenntnisse hinaus auch grundlegende Charaktereigenschaften Galileis darstellen und ansatzweise beurteilen können.
Sie gehen auf die Attribute „alt", „böse" und „eitel" ein, indem Sie das Verhalten Galileis nach dem Inquisitionsverfahren untersuchen. Im Bild 13 erscheint Galilei als alter und gebrochener Mann, der aus Angst widerrufen hat. Das Bild 14 zeigt einen angepassten Gelehrten, der lediglich heimlich sein Hauptwerk vollendet. Der Dialog mit Andrea offenbart, dass er sich seiner Schuld und Verantwortung durchaus bewusst ist.

Abschließend bewerten Sie, ob Sie der Beschreibung der Attribute zustimmen können oder nicht.

Besonders auf Bild 14 sollte im Rahmen der Aufgabenstellung ausführlich eingegangen werden.

Bewerten heißt in diesem Zusammenhang, ein kritisches Fazit zum Leitproblem der Aufgabe verfassen.

Darüber hinausgehende Anforderungen

Aufgabe 1:
Neben den in den Mindestanforderungen genannten Bildern berücksichtigen Sie weitere Textaspekte: Sie zeigen, dass Galilei auf den Schutz durch den neuen, wissenschaftsorientierten Papst vertraut hat (Bild 9) und seine Popularität im Volk enorm gewachsen ist (Bild 10). Er gilt als größter Gelehrter seiner Zeit und hat eine entsprechende Vorbildfunktion (Bild 14). Im Bild 14 referiert er gegenüber Andrea über die gewachsene Stärke und den Einfluss. Dessen ist er sich durchaus bewusst. Jedoch fehlt der Mut, angesichts der Folterinstrumente auf diese Karte zu setzen.

Aufgabe 2:
Sie weisen an verschiedenen Textstellen nach, dass es in LEBEN DES GALILEI nicht um eine individuelle Betrachtung von Galileis Schuld geht. Vielmehr stellt das Drama am Beispiel des italienischen Gelehrten ein exemplarisches Scheitern innerhalb von gesellschaftlichen Machtverhält-

Veränderung des Galilei-Bildes durch Berücksichtigung des Entstehungskontextes der dritten (Berliner) Fassung

nissen vor. Sie berücksichtigen den Entstehungskontext der dritten Fassung (Atombombenabwürfe 1945, Kalter Krieg). Galileis Inkonsequenz führen Sie teilweise auf seine Genusssucht und lebensbejahende Art zurück. Allerdings ist sie auch Ausdruck einer noch nicht ausgereiften wissenschaftlichen Ethik.

Sie wägen ab, ob die heimliche Abfassung einer Abschrift der Discorsi als Akt des Widerstands oder als Eitelkeit eines Wissenschaftlers zu bewerten ist, der seine Erkenntnisse im Interesse der Forschung verbreiten möchte. Sie zeigen, dass Galilei durchaus selbstkritisch erkennt, dass sein Handeln der Wissenschaft und ihrer sozialen Rolle nachhaltig geschadet hat (Bild 14). Sie weisen darauf hin, dass das Bild 15 mit einem ambivalenten Ausblick schließt. Daher sind „böse“ und „eitel“ nur bedingt zutreffende Kategorien, um Galileis Verhalten zu beurteilen.

Gerade das Bild 15 lässt Rückschlüsse auf Interpretationsmöglichkeiten des Gesamtdramas zu.

Allgemeines zu den letztgenannten Anforderungen:
Ihre Arbeit sollte durchaus einen kritischen Umgang mit der Hauptfigur des Schauspiels erkennen lassen. Überzeugend wirken Ihre Ausführungen vor allem dann, wenn Sie treffende Belege aus dem Text anführen und in ihren Gedankengang stimmig einbauen.

Die Gestaltung des Textes kann profitieren, wenn Sie variabel hinsichtlich der Erläuterungen und Belege verfahren, das heißt klar erkennbar gliedern und den Aufbau der Erörterung interessant und abwechslungsreich gestalten.

7.2 Sachtextanalyse mit textgebundener Erörterung

(Welt- und Menschenbild in Leben des Galilei)

Jan Knopf: Bertolt Brecht und die Naturwissenschaften. Reflexionen über den Zusammenhang von Natur- und Geisteswissenschaften.

(In: Werner Hecht (Hg.): Brechts Leben des Galilei. Suhrkamp, Frankfurt a. M. 2001, 163–188, hier 177 f.)

Der sehr alte Kardinal verkörpert buchstäblich das ptolemäische System, das nur noch auf schwachen Füßen steht: Das alte Sehen, das der Kardinal vorführt, besteht darin, dass nicht der Mensch sieht, sondern dass er von Gott gesehen wird. Die ganze sichtbare Welt – Natur und Geschichte – ist dem Menschen als dem ausgeleuchteten Mittelpunkt der Welt zugeordnet; darum aber ist die Welt, und zwar so, wie sie ist, in ihrer unmittelbaren Evidenz, Zeichen Gottes, Ausdruck seiner Ordnung. Das Unsichtbare, das das neue Sehen von Galilei [...] sichtbar machen will, ist im ptolemäischen System bestimmt als das, was dem Menschen grundsätzlich entzogen [...] ist. Nur was der Mensch unmittelbar sieht und was Galilei zum bloßen Augenschein degradieren will, ist für den Menschen, und es findet seine Bedeutung darin, Ausdruck der göttlichen Weltordnung zu sein. Insofern ist das neue Sehen nicht bloß eine Umkehr des alten Sehens, es zerstört vielmehr auch das alte Sichtbarkeitspostulat, wonach das Unsichtbare nicht für den Menschen, ihm grundsätzlich entzogen ist. Zeigt sich aber, dass das Unsichtbare dem Menschen sichtbar werden kann, so werden nicht nur die ptolemäischen Sphären abgeschafft, es gerät auch die ganze göttliche Weltordnung ins Wanken: auf sie, ihre Unverbrüchlichkeit, ist kein Verlass mehr.

Es gibt Unsichtbares, das dem Menschen nicht verschlossen bleibt. Die schöne Geschlossenheit der alten Welt, ihre Endlichkeit, ihr Demonstrationscharakter und ihr verbindlicher Sinn gehen verloren. So kann der Inquisitor sagen, dass das alte Weltbild gegenüber dem neuen bloß ein „Bildchen" sei, das „man um einen so entzückenden Hals wie den gewisser junger Mädchen legen könnte", während bei dem neuen die Sorge bestünde, dass „auf so ungeheuren Strecken", die sich mit ihm eröffneten, „ein Prälat und sogar ein Kardinal leicht verlorengehen" könn-

Evidenz: Deutlichkeit, Klarheit

degradieren: herabstufen

Sphären: Vorstellung, dass die Planeten auf festgelegten Bahnen die Erde umkreisen

ten, und: „Selbst ein Papst könnte vom Allmächtigen da aus den Augen verloren werden“ […].

Von hier aus ist es nur noch ein Schritt zur Aufnahme der Schauspielmetapher, nach der das Weltgeschehen ein Theater ist, das die Menschen vor Gott aufführen und in dem jeder seine festgelegte Rolle zu spielen hat. […] Erkenntnis durch bloße Anschauung, durch Evidenz, durch bloße Wiedergabe des Gegebenen wird durch das neue Sehen des Galilei außer Kraft gesetzt; das bedeutet nicht, dass Anschauung grundsätzlich täuschte, aber die Wahrheit erweist sich jetzt als komplex, vermittelt. Was der Mensch unmittelbar vor Augen sieht, ist Schein, Augenschein, was Wahrheit schien, ist bloße Einbildung, durch den Standort bedingt.

Aufgabenstellung

1. Untersuchen Sie den vorliegenden Textauszug aus Jan Knopfs Bertolt Brecht und die Naturwissenschaften hinsichtlich formaler und inhaltlicher Merkmale.
2. Diskutieren Sie anhand des Schauspiels Leben des Galilei, inwiefern durch Galileis Entdeckungen „die ganze göttliche Weltordnung ins Wanken“ (Z. 22 f.) gerät.

Operatoren

„Untersuchen“, „Diskutieren“

Was wird erwartet?

Im ersten Teil geht es um die analytische Untersuchung eines Sachtextes: Der Aufbau, die gedankliche Struktur und (ansatzweise) deren sprachliche Wirkung müssen erfasst werden. Ziel ist es, die Argumentation des Autors zu verstehen und mit eigenen Worten darzustellen. Aufgabe 2 verlangt eine Übertragung auf Leben des Galilei: Sie kennen relevante Textstellen und können mit diesen begründet erläutern, welche Veränderungen das Weltbild Galileis ausgelöst hat. Die Diskussion sollte auch Ihre Meinung zum Ausdruck bringen.

Mindestanforderungen

Aufgabe 1:

- Verlangt ist eine sachlich stimmige Textanalyse: In der Einleitung bestimmen Sie kurz die Textsorte (fachwissenschaftlicher Sachtext) und geben Autor, Titel und Erscheinungsjahr an. Ferner weisen Sie auf das Textproblem hin (Gegensatz von „altem" und „neuem" Weltbild). Außerdem formulieren Sie knapp das Textthema, z. B.: Der Text behandelt die Frage, welche Veränderungen das neue Weltbild für die Wahrnehmung der Menschen mit sich bringt.
- Sie stellen überleitend Überlegungen zur Textintention an, indem Sie Knopfs Thesen von der Infragestellung der bisherigen Weltordnung aufgreifen.
- Im Hauptteil zeichnen Sie den gedanklichen Aufbau des Textes nach, indem Sie zwischen These, Argument bzw. Beleg (je nach Bundesland und Unterricht) sowie Beispiel unterscheiden.
- Sie gehen auf die Entfaltung der Argumentation ein: Im ersten Abschnitt stellt Knopf die Brüchigkeit des alten Systems dar. Am Beispiel des alten Kardinals erläutert er die bisherige Weltordnung. Diese wird von Galilei angezweifelt und nicht nur widerlegt, sondern als Ganzes revolutioniert. Am Beispiel von Aussagen des Inquisitors illustriert Knopf diese These. Er weitet den Blick und zeigt die Erkenntnis des Menschen in der Moderne, dass es keine einfachen Wahrheiten gibt und diese standortabhängig sind.
- Die zentrale Textthese greifen Sie im Schlussteil auf und knüpfen an die Einleitung an (z. B.: Zusammenfassend

Dabei können Sie auch sprachliche Mittel des Textes untersuchen (komplexe hypotaktische Aussagesätze, Textzitate und Aufzählungen).

stellt Jan Knopf die großen Umwälzungen dar, die die Menschheit durch Galileis Entdeckungen, vor allem durch seine wissenschaftlichen Methoden, verarbeiten musste. Eine wichtige Rolle spielt dabei, dass es einfache Wahrheiten nicht mehr gibt. Die Welt ist komplexer geworden).

Aufgabe 2:
Der Diskussionsteil setzt die Analyseergebnisse des ersten Teils fort. Mit Bezug auf die Textthese Knopfs sollten Sie das Schauspiel LEBEN DES GALILEI auf Entwicklungen hin überprüfen, die zu einer veränderten Wahrnehmung der Welt und Gottes (also des gesamten Weltbildes) führten. Zudem müssen Sie eine eigenständige Position entwickeln, inwiefern Galilei das Unsichtbare für die Menschen sichtbar gemacht hat.

Darüber hinausgehende Anforderungen

Aufgabe 1:

- Sie sollten einleitend differenziert Überlegungen zur Textintention anstellen. Dazu zeigen Sie, dass Knopf eine Verbindung zwischen naturwissenschaftlicher Erkenntnismethodik und Brüchen in der traditionellen Weltordnung als These formuliert.
- Sie gehen auf die Entfaltung der Argumentation ein und weisen strukturiert die einzelnen Aspekte des „neuen" Sehens nach.
- Sie können vertiefend die sprachlichen Mittel von Knopf untersuchen und zeigen, dass er einen elaborierten Code und wissenschaftliches Vokabular verwendet.

Elaborierter Code: gehobener Sprachstil

Aufgabe 2:
Sie sollten berücksichtigen, dass verschiedene Figuren in LEBEN DES GALILEI die Problematik der „neuen" Zeit aus

eigener Perspektive analysieren. Einige Beispiele als Orientierungshilfe:

- Bild 3: Sagredo erkennt, dass Galileis Entdeckungen Parallelen zu den Aussagen von Giordano Bruno aufweisen („Wo ist Gott?“, 33).
- Bild 4: Galilei verweist auf die Schlussfolgerungen des „Mann[s] auf der Straße“ (49).
- Bild 6 bietet eine Fülle von Zukunftsszenarien an.
- Bild 8 betrachtet die „neue“ Zeit aus der Sicht des kleinen Mönchs, der zwischen Tradition und Moderne hin- und hergerissen ist.
- Bild 12 belegt die Sorge der Kirchenfürsten.
- Bild 14 zeigt, dass Wissenschaft ein Ethos braucht.

Die genannten Textstellen lassen sich sinngemäß um weitere Belege ergänzen.

7.3 Analyse eines Paralleltextes

(Wissenschaftsethik und Verantwortung des Wissenschaftlers)

Textauszug aus: Heinar Kipphardt, In der Sache J. Robert Oppenheimer. © Suhrkamp Verlag Frankfurt am Main 1964, 146–148 (9. Szene). Alle Rechte bei und vorbehalten durch Suhrkamp Verlag Berlin.

➤ Vgl. Kap. 6

OPPENHEIMER: Als ich mich vor mehr als einem Monat zum ersten Mal auf dieses alte Sofa setzte, war ich willens, mich zu verteidigen, denn ich fand keine Schuld an mir, und ich sah mich als Opfer einer bestimmten politischen Konstellation, die ich beklagenswert fand.

Zu dem widerwärtigen Unternehmen gezwungen, mein Leben zu rekapitulieren, meine Motive zu handeln, meine Konflikte, und auch die Konflikte, die sich nicht eingestellt hatten, – begann sich meine Haltung zu wandeln. Ich bemühte mich, vollkommen offen zu sein, und das ist eine Technik, die man erlernen muss, wenn man viele Jahre seines Lebens zu anderen Menschen nicht offen war. Indem ich über mich, einen Physiker in unserer Zeit, nachdachte, begann ich mich zu fragen, ob nicht tatsächlich so etwas stattgefunden hat wie Gedankenverrat. […] Wenn ich denke, dass es uns eine geläufige Tatsache geworden ist, dass auch die Grundlagenforschung in der Kernphysik heute die höchste Geheimnisstufe hat, daß unsere Laboratorien von den militärischen Instanzen bezahlt und wie Kriegsobjekte bewacht werden, wenn ich denke, was im gleichen Fall aus den Ideen des Kopernikus oder den Entdeckungen Newtons geworden wäre, dann frage ich mich, ob wir den Geist der Wissenschaft nicht wirklich verraten haben, als wir unsere Forschungsarbeiten den Militärs überließen, ohne an die Folgen zu denken.

So finden wir uns in einer Welt, in der die Menschen die Entdeckungen der Gelehrten mit Schrecken studieren, und neue Entdeckungen rufen neue Todesängste bei ihnen hervor. Dabei scheint die Hoffnung gering, dass die Menschen bald lernen könnten, auf diesem klein gewordenen Stern miteinander zu leben, und gering ist die Hoffnung, dass sich ihr Leben eines nicht fernen Tages in seinem materiellen Aspekt auf die neuen menschenfreundlichen Entdeckungen gründen werde.

Es scheint ein weidlich utopischer Gedanke, dass die überall gleich leicht und gleich billig herstellbare Kernenergie andere Gleichheiten nach sich ziehen werde, und dass die künstlichen Gehirne, die wir für die großen Vernichtungswaffen entwickelten, künftig unsere Fabriken in Gang halten könnten, der menschlichen Arbeit ihren schöpferischen Rang zurückgebend. Das würde unserem Leben die materiellen Freiheiten schenken, die eine der Voraussetzungen des Glücks sind, aber man muss sagen, dass diese Hoffnungen durch unsere Wirklichkeit nicht zu belegen sind. Doch sind sie die Alternative zu der Vernichtung dieser Erde, die wir fürchten, und die wir uns vorstellen können. An diesem Kreuzweg empfinden wir Physiker, dass wir niemals so viel Bedeutung hatten und dass wir niemals so ohnmächtig waren. [...]

Wir haben die besten Jahre unseres Lebens damit verbracht, immer perfektere Zerstörungsmittel zu finden, wir haben die Arbeit der Militärs getan, und ich habe in den Eingeweiden das Gefühl, daß dieses falsch war.

Aufgabenstellung

1. Analysieren Sie den Schlussteil des Schauspiels In der Sache J. Robert Oppenheimer.
2. Vergleichen Sie die Einstellung der Wissenschaftler Oppenheimer und Galilei zur Frage der wissenschaftlichen Verantwortung.

Operatoren

„Analysieren", „Vergleichen"

Was wird erwartet?

Im Zentrum der ersten Aufgabe steht die Analyse eines fiktionalen Textes, der in gekürzter Form vorliegt. Anschließend soll ein Vergleich zwischen den Hauptfiguren (Oppenheimer und Galilei) stattfinden, um Gemeinsamkeiten und Unterschiede im jeweiligen Wissenschaftsverständnis zu ermitteln.

Mindestanforderungen

Aufgabe 1:

Die Aufgabe verlangt eine ausführliche Textanalyse des Dramenauszugs, die Inhalt, Aufbau und formale Aspekte berücksichtigt.

In der Einleitung bestimmen Sie die wesentlichen Textdaten wie Textsorte (Dokumentartheater) und Entstehungskontext (authentischer Fall einer Ermittlung gegen einen Topwissenschaftler) und formulieren das Textthema (Rede eines Wissenschaftlers vor einem Untersuchungsausschuss zum Problem wissenschaftlicher Verantwortung).

Im Folgenden stellen Sie den Inhalt in seinem mehrteiligen Aufbau strukturiert dar: Oppenheimer, der über die Aufgaben der Wissenschaftler in der Gegenwart nachdenkt, das Problem der militärischen Nutzung physikalischer Erkenntnisse anspricht, die allgemeine Gefährdung der Menschheit beschreibt und zu dem Ergebnis gelangt, als Wissenschaftler zu lange mit den Militärs und Politikern kooperiert zu haben.

Im nächsten Schritt untersuchen Sie zentrale sprachliche Gestaltungsmittel und die Wirkung auf den Leser: Dazu können Sie das gehobene Sprachniveau der Rede, die hypotaktische Satzstruktur, die vielen Parallelismen und den Wechsel zwischen der Ich- und der Wir-Perspektive genauer beleuchten. Ferner können Sie auf die Wortwahl (Fachsprache) eingehen und zeigen, dass der Text durch den häufigen Gebrauch von Konditionalsätzen einen Gegenentwurf zur gegenwärtigen Situation zeichnet.

Anschließend gehen Sie auf die Wirkung des Textes ein, indem Sie die verschiedenen Darstellungsperspektiven betrachten: Der einzelne Wissenschaftler sieht seine Arbeit als Verrat an den Zielen der Wissenschaft, er entwickelt ein Schreckensszenario, das er durch einen Gegenentwurf kontrastiert.

Aufgabe 2:

Gefordert ist ein Vergleich zwischen dem jeweiligen Ethos der beiden Wissenschaftler. Oppenheimer und Galilei bejahen ausdrücklich die Möglichkeit der missbräuchlichen Nutzung ihrer Forschungen. Oppenheimer widersetzt sich daher der weiteren militärischen Nutzung der neuen Technologien. Galilei widerruft unter dem Druck der Inquisition.

Beide erkennen auch die jeweils individuelle Verantwortung des Wissenschaftlers. Galilei glaubt jedoch an die Möglichkeit einer gesellschaftlichen Veränderung, die auf den Erkenntnissen der Wissenschaft beruht. Oppenheimer zeigt eine Utopie auf, deren Realisierung er nicht näher erläutert.

Darüber hinausgehende Anforderungen

Aufgabe 1:

Kipphardts Hauptaussagen lassen sich präziser gliedern und geben Raum für eigene Schwerpunktsetzungen:

- Z. 1–5: Oppenheimers Selbstbild als Verfolgter politischer Entwicklungen
- Z. 6–15: Kritische Reflexion über die Rolle des Physikers in der Moderne
- Z. 15–25: Verrat am Ethos der Wissenschaft durch die militärische Nutzung
- Z. 26–34: Negative Wahrnehmung der neuen Technologien durch die Menschen
- Z. 35–47: Utopie einer friedlichen Nutzung neuer Technologien
- Z. 47–49: Paradoxie von Allmacht und Ohnmacht des modernen Physikers
- Z. 50–53: Ablehnende Bewertung der Kooperation von Physik und Militär durch Oppenheimer

Ebenso kann die Analyse der sprachlichen Gestaltung (vor allem Wortschatz und Bildgehalt) zu vertiefenden Ergebnissen führen.

Aufgabe 2:
Neben der thematischen Beantwortung sollte auch die individuelle Reaktion auf die Situation berücksichtigt werden, sich vor anderen für seine wissenschaftlichen Erkenntnisse bzw. deren Nutzung rechtfertigen zu müssen. Während Galilei der Inquisition keinen Widerstand leistet, entrüstet sich Oppenheimer in der Schlussszene deutlich. Ferner zeigt Oppenheimer einen Weg aus dem individuellen Verantwortungsdilemma: Alle sind für die Weiterentwicklung der Menschheit verantwortlich. Inwiefern dies eine Utopie ist, wäre zu problematisieren.

7.4 Produktionsorientierte Aufgabe

(Gestaltende Interpretation: Verfassen eines Briefes aus Ludovicos Sicht)

Aufgabenstellung

Im Bild 9 findet ein Gespräch Galileis mit Ludovico Marsili statt. Am Ende des Gesprächs äußert Ludovico: „Sie werden für immer der Sklave Ihrer Leidenschaften sein. Entschuldigen Sie mich bei Virginia; ich denke, es ist besser, ich sehe sie jetzt nicht." (92)

1. Ordnen Sie diese Textstelle in den Verlauf der Handlung ein.
2. Stellen Sie sich vor, dass Ludovico am folgenden Tag einen Brief an seine Verlobte Virginia schreibt. Darin begründet er die Motivation seines Verhaltens und äußert sich über die Zukunft ihrer Beziehung. Gestalten Sie diesen Brief.
3. Begründen Sie Ihre thematisch-inhaltlichen und formalsprachlichen Entscheidungen aus dem zweiten Teil.

Operatoren
„Einordnen", „Gestalten", „Begründen"

Der Operator „Gestalten" verweist auf einen kreativen Schreibauftrag.

Was wird erwartet?
Sie müssen sich in die Figur des Ludovico hineinversetzen. Bereits in der ersten Szene des Stückes tritt er als reicher junger Mann und Abkomme einer Aristokratenfamilie mit Großgrundbesitz auf. Er hat ein distanziertes Verhältnis zur Wissenschaft und ist gleichzeitig ein wichtiger Ideenlieferant für Galilei. Durch Galileis Entscheidung für die Forschung im Bild 9 ist die soziale Ordnung gefährdet. Dadurch wird Galilei zum Feind Ludovicos. Nach einer achtjährigen „Probezeit" beendet Ludovico daher die Beziehung zu Virginia. Im Brief sollte deutlich werden, dass er nicht Virginia ablehnt, sondern das Verhalten ihres Vaters, der als Ketzer für die adlige Oberschicht Italiens nicht akzeptabel ist.
Im Brieftext sollte Ludovicos Sprachniveau verwendet werden. Denkbar sind auch Zitate aus LEBEN DES GALILEI, wobei diese sparsam und ganz gezielt eingesetzt werden sollten. Formal ist der Brief in Einleitung, Hauptteil und Schluss zu gliedern.

Mindestanforderungen

Anforderungen der gestaltenden Interpretation

Bei der vorliegenden Aufgabenstellung ist zwischen textbezogenem (Aufgabe 1), produktionsorientiertem (Aufgabe 2) und analytischem Zugang (Aufgabe 3) zu unterscheiden. Der Fokus der Bewertung liegt auf dem zweiten Teil, dem gestalterischen Ansatz, wozu sichere Textkenntnisse erforderlich sind.

Sichere Textkenntnisse ermöglichen eine präzise Einordnung in den Handlungsverlauf.

Aufgabe 1:
In Bild 9 eskaliert der Streit zwischen Ludovico und Galilei: Galilei hat sich für die Wiederaufnahme seiner Forschungen und gegen die Interessen des Landadels entschieden.

Ludovico sieht die Gefahr von Unruhen unter den Bauern, wenn Galileis Entdeckungen, die der kirchlichen Lehre widersprechen, bekannt werden. Mit seiner Entscheidung opfert Galilei die Beziehung seiner Tochter für die Freiheit der Forschung und seine Selbstverwirklichung. Ludovico hat das Vertrauen verloren, dass der Gelehrte das „neue“ Weltbild und seine Verbreitung aufgibt.

Aufgabe 2:

Der Abschiedsbrief von Ludovico sollte klar begründet und in einer sachlichen Schreibhaltung verfasst sein. Empörung sollte lediglich dort zum Ausdruck kommen, wo er darauf verweist, dass Virginias Vater die Ursache der Trennung ist. Insofern rechtfertigt Ludovico seine Trennung von Virginia mit dem Verhalten ihres Vaters und verweist nicht auf mangelnde Gefühle für sie.

Die Gestaltung sollte eine stimmige Verknüpfung von eigenen Ideen mit Textelementen liefern.

Im Brief sollte erkennbar der Inhalt des Gesprächs eingebaut sein: Ludovico tritt als Vertreter des konservativ eingestellten Landadels auf, der um die Fortexistenz der bestehenden Ordnung fürchtet, zugleich aber deutlich macht, was er von seinen Bauern hält: „Sie sind wirkliche Tiere […]“. (91)

Die Gesamtlänge des Briefes ist variabel.

Der Brief muss Anrede- und Schlussformel enthalten; darüber hinaus sollte er in Abschnitte gegliedert sein und verschiedene Aspekte von Ludovicos Entscheidung thematisieren. Außerdem sollte er in der ersten Person verfasst sein und Virginia direkt ansprechen.

Aufgabe 3:

Nicht nur Inhaltliches, sondern auch die gewählten Sprach- und Stilelemente reflektieren

Es sollte dargelegt werden, welche eigenen inhaltlichen Schwerpunkte gesetzt wurden. Beispielsweise könnte man darauf verweisen, dass Ludovico ein Angehöriger des Landadels ist und eine breite Bildung genossen hat. Selbst wissenschaftliche Studien hat er aus Prestigegründen betrieben. Er ist außerdem ein „Mann von Welt“, der durch

Reisen zahlreiche Eindrücke von fremden Ländern gewonnen hat.

Ferner sollte auf die sprachliche Gestaltung eingegangen werden. Ludovico drückt sich schriftlich und mündlich eloquent aus. Er verwendet eine gehobene Sprache.

Darüber hinausgehende Anforderungen

Aufgabe 1:

Folgende Aspekte können vertiefend behandelt werden:

Die Einordnung in den Handlungsverlauf des Schauspiels sollte einen allgemeinen Überblick über Galileis Forschungen geben und die Rolle Ludovicos berücksichtigen: Zweimal überbringt er in der Botenrolle Nachrichten, welche die Forschungen Galileis befördern (Bild 1 und 9). Er berichtet von der neuartigen Anordnung der Linsen in Holland und ermöglicht Galilei auf diesem Wege weitreichende Entdeckungen (Bild 1–3). Auch im zweiten Fall hat Ludovico nicht damit gerechnet, dass Galilei seine Information über einen neuen Papst sofort aufgreift und den Drang zum Forschen auslebt (Bild 9).

Elemente einer Charakterisierung Ludovicos und der Einbezug weiterer Bilder zeigen fundierte Textkenntnisse.

Jedoch ist Ludovico nicht selbstbestimmt: Er steht unter Kontrolle seiner Mutter, die ihn dazu anhält, Galileis Einstellung zum „neuen" Weltbild kritisch zu überwachen. Deshalb sind seit der Verlobung mit Virginia bereits acht Jahre vergangen. Eine Heirat ist für Ludovico und seine Familie nur möglich, wenn Galilei seine Zurückhaltung in astronomischen Fragen wie den Sonnenflecken konsequent beibehält.

Aufgabe 2:

Die Aufgabe ermöglicht es Ihnen, verschiedene Textelemente in freier Anordnung mit eigenen Ideen und kreativen Gestaltungsmitteln zu verknüpfen. Im Zentrum sollte Ludovicos kategorische Entscheidung gegen Galilei stehen,

Der Brief sollte die Perspektive Ludovicos als Repräsentant des Landadels transparent machen.

den er seit dem Bild 2 als unzuverlässig und erfolgsorientiert kennengelernt hat (Fernrohr). Diese Charakterschwäche Galileis setzt sich auch im Umgang mit dem Verbot eigener Studien fort.

Des Weiteren kann Ludovicos Haltung und Selbstverständnis als Feudalherr aufgegriffen werden. In zwei längeren Passagen des Bildes 9 formuliert er seine Haltung zu den Bauern in abschätziger Weise. Dieser Sprachgestus könnte sich auch im Abschiedsbrief an Virginia wiederfinden. Ludovico spricht ferner aus, was eine gesellschaftliche Folge von Galileis Entdeckungen sein kann: die Gefährdung der Sozialstruktur und die Zerstörung der Feudalordnung. In diesem Zusammenhang könnte er auch an Virginia appellieren, wegen ihrer tiefen Gläubigkeit Einfluss auf den Vater zu nehmen, um ihn von seinem Vorhaben abzubringen.

Aufgabe 3:

Brief als Verfremdungsmittel im epischen Theater

Es geht darum, den fiktiven Brief im größeren Zusammenhang zu verorten. Wichtig ist, dass nicht nur inhaltliche Aspekte beachtet werden, sondern auch die eigene sprachliche Gestaltung hinreichend analysiert wird. Gerade das Bild 9 bietet viele Sprachmuster, die sich in Ludovicos Brief wiederfinden können. Ferner sollte das Medium Brief als Verfremdungsmittel ausführlich thematisiert werden. Das Bild 3 hat mit Galileis Brief an Großherzog Cosmo de Medici gezeigt, welche stilistische Bandbreite bei der Ausgestaltung besteht.

8 Tipps zum Weiterlesen

Biografien zu Brecht

Jaretzzky, Reinhold: Bertolt Brecht. Reinbek bei Hamburg: Rowohlt, 2006.
Gut lesbarer Überblick über den Lebensweg von Bertolt Brecht mit zahlreichem Fotomaterial und Erläuterungen.

Knopf, Jan: Bertolt Brecht. Lebenskunst in finsteren Zeiten. Biografie. München: Hanser, 2012.
Aktuelle Biografie, die vom führenden Brecht-Forscher sehr verständlich und fesselnd geschrieben wurde.

Überblick über das Werk Brechts

Kittstein, Ulrich: Bertolt Brecht. Paderborn: Fink, 2008.
Für Studienanfänger verfasste Einführung in Leben und Werk Brechts, die auch von Oberstufenschülern mit großem Gewinn genutzt werden kann.

Payrhuber, Franz-Josef: Bertolt Brecht. Literaturwissen für Schüler. Stuttgart: Reclam, 2004 u. ö.
Kenntnisreiche und gründliche Darstellung über die literaturgeschichtliche Einordnung Brechts sowie eine Interpretation seiner wichtigsten Werke.

Informationen über den historischen Galilei

Padova, Thomas de: Das Weltgeheimnis – Kepler, Galilei und die Vermessung des Himmels. München/Zürich: Piper, 2009.
Interessante Darstellung der naturwissenschaftlichen Revolution in der Frühen Neuzeit, die u. a. auf der Basis des Briefwechsels zwischen Johannes Kepler und Galileo Galilei erarbeitet wurde.

Shea, William R./Artigas, Mariano: Galileo Galilei. Aufstieg und Fall eines Genies. Darmstadt: WBG, 2006.
Eine gut lesbare und fachlich sehr kompetente Darstellung des Lebens und des Prozesses von Galileo Galilei.

Internet (Stand: Mai 2013)

Auch das Internet stellt eine Fundgrube zum Weiterlesen dar. Allerdings ist die Qualität der Angebote sehr unterschiedlich und jeweils kritisch zu prüfen. Zwei seriöse Links:

http://www.library.ethz.ch/exhibit/galilei/
Wissenschaftliche Ausstellung zu Leben und Werk des historischen Galilei mit zahlreichen Materialien und anregenden Dokumenten.

http://www.bildungsserver.de/Bertolt-Brecht-1898-1956--4203.html
Kommentierte Auswahl zahlreicher Webseiten mit vielfältigen Informationen zu Leben und Werk Brechts.

9 Anhang

Quellenangaben zu Zitaten Bertolt Brechts

[1] „Anmerkungen. Ungeschminktes Bild einer neuen Zeit" (Auszug), aus: Bertolt Brecht, Werke. Große kommentierte Berliner und Frankfurter Ausgabe, Band 24: Schriften 4. © Bertolt-Brecht-Erben/Suhrkamp Verlag 1991.

[2] „Anmerkung zum ‚Leben des Galilei'" (Auszüge), aus: Bertolt Brecht, Werke. Große kommentierte Berliner und Frankfurter Ausgabe, Band 24: Schriften 4. © Bertolt-Brecht-Erben/Suhrkamp Verlag 1991.

[3] „Vorwort" (Auszug), aus: Bertolt Brecht, Werke. Große kommentierte Berliner und Frankfurter Ausgabe, Band 27: Journale 2. © Bertolt-Brecht-Erben/Suhrkamp Verlag 1995.

[4] „Notate zu einzelnen Szenen" (Auszug), aus: Bertolt Brecht, Werke. Große kommentierte Berliner und Frankfurter Ausgabe, Band 25: Schriften 5. © Bertolt-Brecht-Erben/Suhrkamp Verlag 1994.

[5] „Darstellung der Kirche" (Auszug), aus: Bertolt Brecht, Werke. Große kommentierte Berliner und Frankfurter Ausgabe, Band 24: Schriften 4. © Bertolt-Brecht-Erben/Suhrkamp Verlag 1991.

[6] Es handelt sich um einen Auszug aus zwei verschiedenen Aufsätzen von Bertolt Brecht, nämlich: „Anmerkungen zum ‚Leben des Galilei' [2]" (Auszug), aus: Bertolt Brecht, Werke. Große kommentierte Berliner und Frankfurter Ausgabe, Band 24: Schriften 4. © Bertolt-Brecht-Erben/Suhrkamp Verlag 1991.
„Der ‚Gelehrte'" (Auszug), aus: Bertolt Brecht, Werke. Große kommentierte Berliner und Frankfurter Ausgabe, Band 24: Schriften 4. © Bertolt-Brecht-Erben/Suhrkamp Verlag 1991.

Verwendete Literatur

Dürrenmatt, Friedrich: Die Physiker. Eine Komödie in zwei Akten. Zürich: Diogenes 1998.

Hallet, Wolfgang: Bertolt Brecht. Leben des Galilei. 3. Auflage. München: Oldenbourg, 2012.

Hecht, Werner (Hg.): Materialien zu Brechts „Leben des Galilei". Berlin: Suhrkamp, 1988. (zitiert als: Hecht 1988)

Hecht, Werner (Hg.): Brechts „Leben des Galilei". Materialien. Berlin: Suhrkamp, 2001. (zitiert als: Hecht 2001)

Kipphardt, Heinar: In der Sache J. Robert Oppenheimer. Schauspiel. Frankfurt a. M.: Suhrkamp, 1964.

Kittstein, Ulrich: Bertolt Brecht. Paderborn: Fink, 2008.

Knopf, Jan: Bertolt Brecht. Leben des Galilei. Sichtbarmachen des Unsichtbaren. In: Interpretationen. Dramen des 20. Jahrhunderts. Band 2. Stuttgart: Reclam, 1996, 7–26. (zitiert als: Knopf 1966)

Langemeyer, Peter: Bertolt Brecht. Leben des Galilei. Erläuterungen und Dokumente. Stuttgart: Reclam, 2001.

Szczesny, Gerhard: Brecht, Leben des Galilei. Dichtung und Wirklichkeit., Frankfurt a. M./Berlin: Ullstein, 1966. (zitiert als: Szczesny 1966)

Zimmermann, Rainer E.: Leben des Galilei. In: Knopf, Jan (Hg.): Brecht-Handbuch. Band 1: Stücke. Stuttgart: Metzler, 2001, 357–379.

Bildquellenverzeichnis

S. 7: picture alliance/dpa – S. 13: picture alliance/dpa – S. 15 o.: Akademie der Künste, Berlin, Bert-Brecht-Archiv, Nr. 1474/288; u.: Städtische Bühnen Osnabrück/Foto Jörg Landsberg – S. 20: picture alliance/Artcolor – S. 27: Bundesarchiv, Bild 183-K1005-0020/Fotograf: Vera Katschorowski-Stark – S. 30: Ullstein Bild/Abraham Pisarek – S. 35: bpk/Scala – S. 37: picture-alliance/maxpp – S. 41: © Museum Institut für Experimentalphysik, Universität Innsbruck – S. 70: picture-alliance/maxpp – S. 72: aus: La Dous, Galileo Galilei, Topos 2007